I0016754

La Facturación Electrónica y la Red Empresarial

La Evolución de la Evolución

Ing. Mario Augusto Fernández Cuesta

Copyright © 2012 Mario Augusto Fernandez Cuesta

All rights reserved.

ISBN-13: 978-1482650280
ISBN-10: 1482650282

Dedicado a la memoria de mi padre, un gran hombre a quien no tuve la dicha de conocer, pero cuya inteligencia y sabiduría seguramente me han servido de guía en la búsqueda del conocimiento, la libertad, la felicidad, la realización personal, pero sobre todo, en la realización de buenas acciones que conduzcan a mejorar nuestro mundo.

Contenidos

Agradecimientos

Quiero agradecer a las siguientes personas por la gran colaboración realizada, sin la cual habrían sido imposibles tanto la Red Empresarial Gosocket, como este libro.

Sergio Chaverri – Uno de los colaboradores más importantes en este proyecto, responsable por el Marketing de nuestro negocio y autor intelectual de varias de las ideas importantes que expreso en este libro y que son parte fundamental de la Red Empresarial.

Lenny Bañobre – Responsable por el diseño de la arquitectura de software y por el desarrollo de las funcionalidades de la Red Empresarial.

Mónica Montes – Responsable por nuestros procesos operativos y financieros, tanto al interior de la empresa, así como influenciando las soluciones financieras de la Red Empresarial y su internacionalización.

Gilberto Brito – Principal responsable por la infraestructura tecnológica que soporta la Red Empresarial.

Rodrigo Pérez – Amigo de muchos años, especialista en los modelos tributarios y de facturación electrónica con los cuales interactuamos en la Red Empresarial.

Mario Álvarez – Un gran colaborador en este proyecto, al creer en éste desde que le fue presentado por primera vez y convertirse en el primer Inversionista que tuvo la Red Empresarial.

Federico Cuesta – Mi querido tío, pintor de "Network", la obra de arte que utilizo en la decoración de la portada de este libro.

Prólogo

Latinoamérica se ha convertido en una de las regiones líderes mundialmente en la adopción de la facturación electrónica, a partir de la implementación en 2002 de este modelo en Chile como país pionero, pero contando actualmente con diez países que ya lo han adoptado, entre los cuales se destacan Brasil y México, por los altos niveles de sofisticación y penetración de sus respectivos modelos. Todos ellos convergen en un punto muy importante, que es la participación determinante de las autoridades tributarias de estos países en su diseño y reglamentación.

En su primer libro "FACTURACIÓN ELECTRÓNICA – TRANSFORMACIÓN TRIBUTARIA Y EMPRESARIAL INTELIGENTE", basado en su gran experiencia proveyendo soluciones de facturación electrónica en todos esos países, Mario Fernández describe las reglamentaciones existentes hasta ese momento, al mismo tiempo que se preocupa mucho por el gran potencial que estos modelos tienen, no sólo para el mejoramiento del control tributario por parte de los Gobiernos, sino también para la generación de importantes beneficios operacionales en el ámbito empresarial. Mario y su empresa son definitivamente responsables de haber influenciado a la mayoría de las autoridades tributarias de Latinoamérica en la conceptualización de sus exitosos modelos, además de haber ayudado a grandes empresas multinacionales a implementar la facturación electrónica regionalmente.

En este nuevo libro, Mario presenta el decisivo papel que juega la facturación electrónica en el relacionamiento en red de las empresas, mostrando los secretos de lo que él y su equipo de colaboradores han llamado Gosocket – La Red Empresarial. Resulta fascinante constatar cómo decenas de miles de empresas de Latinoamérica, de todos los tipos y tamaños, ya utilizan sus facturas electrónicas emitidas y/o recibidas, como mecanismo de control impuesto por las autoridades, pero también para interactuar digitalmente con sus clientes y proveedores todos los días, al mejor estilo de las redes sociales que todos utilizamos.

Pareciera ser entonces que Gosocket es la consecuencia natural, en el mundo de los negocios, de modelos de facturación electrónica que han logrado interpretar bastante bien las necesidades de las empresas respecto al intercambio de documentos tributarios electrónicos, cuya importancia era advertida por Mario desde 2009.

Acceso gratuito al intercambio electrónico por parte de cualquier empresa, mecanismos de financiamiento verdaderamente viables para las PYME y herramientas de gestión empresarial, simples e intuitivas, que se conectan automáticamente a la información de los negocios y que democratizan el acceso a ésta, son sólo algunas de las facilidades con las cuales ya cuenta la Red Empresarial y que se describen detalladamente en este libro, cuya lectura recomiendo debido al trascendental impacto que todo esto es capaz de generar en la forma en que las empresas se relacionan.

En este libro podrán encontrar también un análisis muy sensible y realista de las necesidades operativas de las PYME, que representan el principal foco la Red Empresarial y que al ser el motor fundamental de las economías Latinoamericanas, seguramente también se convertirán en el corazón de este importante cambio que se avecina.

Bruno Koch

Pionero y Analista Internacional en Facturación Electrónica

Billentis

Introducción

En mi libro "Facturación Electrónica – Transformación Tributaria y Empresarial Inteligente", dediqué un capítulo a explicar cómo podría ser el futuro de la facturación electrónica, creyendo que después de desarrollarse este modelo localmente en los países más importantes de Latinoamérica, probablemente la principal evolución vendría por el lado de la integración entre los países y sus autoridades tributarias, lo cual parecía prometer importantes beneficios para el manejo y la fiscalización de las operaciones comerciales internacionales.

Sin embargo, durante los últimos años los modelos de facturación electrónica locales han evolucionado relativamente poco en la mayoría de los países de la región en los que ya operaban, principalmente en todo lo relacionado con los estándares de los documentos electrónicos. Adicionalmente, la incorporación de países nuevos a la implementación de este tipo de modelos ha sido muy gradualmente y algunos desafortunadamente no han imitado las mejores prácticas y las experiencias exitosas ya existentes. Esto significa que probablemente la evolución antes mencionada deberá esperar un poco más.

En cambio, lo que sí ha ocurrido es que en los países con facturación electrónica se ha ido masificando esta forma de operar por parte de las empresas, ya sea en algunos casos porque el modelo ofrece beneficios operacionales significativos o en otros, simplemente porque son obligadas por las autoridades tributarias, pero en general la facturación electrónica ha acentuado necesidades muy importantes en el quehacer diario de negocios de las empresas, necesidades que ahora pueden ser abordadas con relativa facilidad, justamente debido a la masificación de esta moderna forma de operar. Es así que hemos detectado algunas líneas evolutivas, en respuesta a lo que llamamos "las seis promesas aún no cumplidas por la facturación electrónica" y cuya implementación nos lleva a un concepto relativamente nuevo que es la Red Empresarial.

La primera de las promesas no cumplidas es la **eliminación total del papel** en los procesos de facturación. Resulta que en Latinoamérica las facturas normalmente podían ser generadas únicamente imprimiéndolas en un formato de papel previamente autorizado por las autoridades tributarias. Con la aparición de la facturación electrónica lo lógico sería no continuar imprimiendo estos documentos, pero lo cierto es que en la fase inicial de la implementación, las autoridades establecen que los documentos puedan tener una representación gráfica imprimible, con lo cual se garantiza que las empresas que facturen electrónicamente logren resolver con este modelo el 100% de sus operaciones comerciales, incluyendo las que corresponden a sus clientes más pequeños, los cuales pueden tener dificultades para recibirlos digitalmente. Con el pasar de los años los modelos han evolucionado poco en lo referente a la recepción electrónica, sin embargo el volumen de documentos electrónicos ha ido constantemente en ascenso.

La segunda promesa es casi una consecuencia de la primera y tiene que ver con la incapacidad de las **empresas pequeñas de recibir sus documentos digitalmente** y procesarlos en formato electrónico, lo que les impide aprovechar las facilidades que tiene este tipo de intercambio.

La tercera, es la imposibilidad de las grandes empresas de **recibir electrónicamente el 100% de sus facturas de proveedores**, debido a que muchos de éstos son pequeñas empresas que aún no facturan electrónicamente y que probablemente demorarán mucho tiempo en hacerlo. Esto imposibilita que las grandes empresas obtengan lo que en mi opinión son los mayores beneficios operacionales de la facturación electrónica y que están asociados con la recepción de documentos electrónicos y no tanto con la emisión.

La cuarta promesa es la **comunicación bidireccional digital** entre las empresas que intercambian facturas electrónicas, incluyendo notificaciones de confirmación y/o rechazo de estos documentos, lo cual es esencial para el desarrollo de las relaciones de negocio digitales entre las empresas de todos los tipos y tamaños. Esto es consecuencia de todo lo anterior, ya que la mayoría de las empresas son pequeñas y no cuentan con plataformas tecnológicas que les faciliten esta comunicación bidireccional con sus clientes y/o proveedores.

La quinta promesa no cumplida tiene que ver con el **financiamiento de las pequeñas empresas**, el cual debería facilitarse exponencialmente y abaratarse, cuando éstas adoptan la facturación electrónica, debido a que estos documentos son validables mucho más fácilmente por parte de las entidades financieras, permitiendo así la disminución del riesgo en los procesos de financiamiento basados principalmente en el anticipo de las cuentas por cobrar de las pequeñas empresas, tales como el Factoring y el Confirming. Para masificar el e-Factoring aprovechando la adopción creciente de la facturación electrónica por parte de las empresas pequeñas, es necesario que los modelos cuenten con algunas características específicas que faciliten las validaciones de los documentos en todo su ciclo de vida, a través de plataformas especializadas que permitan saber cuándo sus créditos asociados son eventualmente cedidos a entidades financieras.

Y por último, la sexta promesa no cumplida aún por la facturación electrónica es la **masificación del uso de los certificados digitales** como mecanismo de autenticación de los usuarios/empresas en Internet, además de garantizar la integridad y seguridad del intercambio electrónico de documentos y de las operaciones a través de esta gran red. La facturación electrónica utiliza intensivamente los certificados digitales, pero ha sido incapaz de traspasar esto masivamente al resto de las operaciones entre empresas.

Más adelante abordamos detalladamente estas seis promesas no cumplidas aún por la facturación electrónica, pero lo que podemos asegurar es que todas estas dificultades pueden ser abordadas efectivamente a través de una **Red de Relacionamiento Empresarial** que conecte masivamente a las compañías de todos los tipos y tamaños, usando como elemento principal el intercambio de facturas electrónicas emitidas y/o recibidas, que son los documentos más importantes en términos tributarios, al menos en Latinoamérica, pero que además reflejan fielmente las operaciones comerciales de compras y ventas de las empresas.

Es así que en conjunto con algunos de los mejores profesionales que he conocido en mi carrera, todos con gran experiencia diseñando, desarrollando, comercializando y soportando soluciones de facturación electrónica, principalmente como ejecutivos de la empresa Signature South Consulting, la cual fundé en 2001, decidimos en 2010 crear Gosocket – La Red Empresarial.

Tuvimos que reunirnos muchas veces para filosofar sobre lo que estaba ocurriendo en el mercado de este tipo de soluciones, para analizar además lo que decían y querían nuestros clientes en los diferentes países en los que actuamos. Tengo que reconocer que no fue fácil llegar a la idea de la Red Empresarial, especialmente porque varios de los conceptos que hoy sustentan el Plan de Negocios de esta iniciativa, eran suficientemente interesantes por separado, como para tentarnos a desarrollarlas individualmente. Juntar todos los conceptos que se nos iban ocurriendo en una visión de red nos tomó casi dos años, desde que las primeras ideas comenzaron a florecer.

Uno de los aspectos esenciales para redondear el concepto, fue en mi opinión el enfoque de Gosocket en resolver las problemáticas de las empresas más pequeñas, pero aprovechando muchos beneficios que sin dudas genera en todo el ecosistema empresarial. Si bien los principales motores de esta red son inicialmente las grandes empresas, pues son quizás las que reciben beneficios más inmediatos, en realidad los usuarios más importantes de la Red son las pequeñas empresas, a quienes casi nadie ha logrado llegar con tecnología, en forma efectiva y masivamente. Hemos aprendido que las soluciones tecnológicas enfocadas en este mercado deben ser extremadamente simples e intuitivas, pero adicionalmente deben ser muy baratas – quizás gratuitas – para que puedan realmente ser adoptadas en forma masiva. Esto significaba que probablemente la Red debía financiarse a través de los servicios de valor agregado que pueden generarse utilizando en forma segura y confidencial, la información de negocios, resultante del intercambio masivo entre todas las empresas de la Red.

Logramos llegar entonces a un diseño bastante abstracto que no es precisamente simple de entender en toda su amplitud, por las personas que se enfrentan por primera vez a la idea, especialmente cuando analizan la gratuidad de los principales servicios. Sin embargo, lo importante es que Gosocket es muy fácil de entender por las empresas cuando comienzan a usar sus funciones más básicas y esa era exactamente la idea, así como cuando las personas comienzan a utilizar las redes sociales, sin entender demasiado los niveles de abstracción que hay detrás de todo aquello.

Gosocket es simple en su propuesta y básica funcionalmente, es intuitiva, es evolutiva y tiene un potencial verdaderamente sorprendente.

Situación actual de la facturación electrónica

Mi anterior libro está íntegramente dedicado a comentar detalladamente la facturación electrónica, comparando los diferentes modelos existentes, principalmente en Latinoamérica, resaltando las mejores prácticas adoptadas al respecto por varios países, detallando los principales beneficios que generan, explicando también algunos errores y sus impactos en los respectivos proyectos, y entregando las mejores recomendaciones que según nuestra experiencia, conducen a los países a implementar proyectos de facturación electrónica verdaderamente exitosos y convenientes para todas las partes involucradas. Recomiendo su lectura, pues además de ser la única literatura de su tipo existente, describe bastante bien los pormenores sobre la facturación electrónica y permite entender de dónde viene la inspiración para la creación de la Red Empresarial Gosocket.

No pretendo entonces ser demasiado minucioso en esos aspectos esta vez, pues además correría el riesgo de extenderme demasiado, pero sí me detendré a explicar brevemente el estado del arte actual, con el objetivo de intentar descubrir qué tan preparados están los países más gravitantes en la facturación electrónica, para desarrollar la Red Empresarial a partir de ese importante proyecto.

Comenzaré diciendo que la situación general del proyecto ha ido cambiando gradualmente desde la publicación de mi libro en 2009. Algunos países nuevos han implementado este tipo de modelos, los que ya contaban con facturación electrónica han realizado pocos cambios, y los que han implementado cambios, muy pocas veces los han enfocado en generar los verdaderos beneficios que garantizan la aceleración sustentable del proyecto. Es como si las autoridades tributarias no contasen con todos los mecanismos y el poder que les permitiesen avanzar contundentemente en la implementación de tan importante proyecto.

Debo reconocer que mi libro anterior fue leído por representantes de casi todas las autoridades tributarias de Latinoamérica, confieso que más de las que yo habría imaginado mientras lo escribía, lo cual me ha dejado bastante satisfecho, pues fue ese era uno de mis principales objetivos, que existiera una bibliografía que pudiese ser consultada por las autoridades, ayudándolas a implementar nuevos modelos o a mejorar los ya existentes.

En la siguiente imagen puede verse un mapa del estado de la facturación electrónica a nivel mundial, elaborado por la empresa suiza Billentis en 2015, pero que forma parte de un completo reporte global que Billentis realiza desde hace varios años, en el cual se clasifican los países según su nivel de liderazgo y como puede apreciarse claramente, varios de los países de Latinoamérica están catalogados como líderes a nivel global.

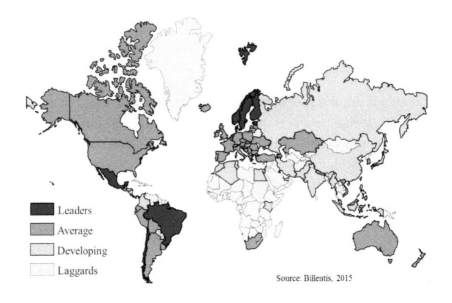

Source: Billentis, 2015

Chile, Brasil y México están considerados definitivamente por esta importante entidad europea, como países que conforman el grupo de los líderes a nivel mundial.

A continuación entonces, un resumen de los principales países que hemos podido investigar y en la mayoría de los cuales hemos operado comercialmente durante la última década.

Chile

Chile continúa siendo en mi opinión el modelo de facturación electrónica más preparado para continuar desarrollándose de manera muy sustentable. Fue el país pionero regionalmente en la implementación de este tipo de proyectos – en 2002 –, impulsado directamente por la autoridad tributaria y cuenta con un modelo muy sólido y maduro, que promueve su adopción espontánea por parte de las empresas, estableciendo incentivos de diferentes tipos, mucho antes de exigir su adopción obligatoria más recientemente. La autoridad tributaria de Chile – Servicio de Impuestos Internos (SII) – promueve constantemente su uso a través de campañas, artículos de prensa y proyectos, como por ejemplo el de Responsabilidad Social Empresarial Tributaria (RSET), el cual compromete a grandes empresas con incentivar la adopción de la facturación electrónica por parte de sus proveedores.

El SII provee una solución web gratuita, orientada a empresas muy pequeñas y que es utilizada en la actualidad por aproximadamente 100 mil empresas en el país.

El modelo chileno cuenta desde el inicio con características muy importantes para su masificación, tales como:

1) Uso de certificado digital – de persona natural – para la firma electrónica de los documentos.
2) Validación en línea de los documentos en la plataforma del SII, aunque no en tiempo real.
3) Control de folios (correlativos) electrónicos, antes de la emisión de los documentos.
4) Representación gráfica de los documentos muy bien reglamentada y con mecanismos de seguridad, incluyendo código de barra bidimensional (PDF417).
5) Intercambio de los documentos electrónicos entre las empresas a través de email, siendo el SII quien informa las direcciones email de recepción de cada empresa.
6) Libros contables electrónicos (Compras y Ventas), los cuales deben ser emitidos mensualmente.
7) Mensajes de Aceptación y/o Rechazo electrónicos.

8) Registro electrónico de Cesión de Créditos, siendo obligatorio que todas las facturas electrónicas cuyos pagos sean anticipados a través de servicios de e-Factoring, sean registradas electrónicamente también.

9) Modelo estándar para todos los Documentos Tributarios Electrónicos del país.

Las características del modelo chileno son muy favorables a todas las líneas evolutivas que propone Gosocket, destacándose el e-Factoring, debido a la existencia de la confirmación electrónica de las facturas y el registro electrónico de cesión de créditos, controlado por el propio SII, el cual permite en todo momento saber si el crédito de una factura electrónica ha sido cedido o no y a qué entidad.

Recientemente se han establecido mejoras a esta reglamentación, entre las cuales se destaca el incentivo a la confirmación electrónica de las facturas recibidas, requiriendo que las empresas receptoras tengan que realizar esta acción para poder disponer del respectivo crédito fiscal, medida que estimula el crecimiento del e-Factoring.

Se estima que aproximadamente el 20% de las empresas chilenas han adoptado el modelo de facturación electrónica, sin embargo mucho más del 55% de las facturas del país ya son electrónicas desde hace varios años.

México

México implementó la facturación electrónica en 2005, pero debido a los errores iniciales en el diseño del modelo, éste tuvo una muy baja penetración y fue así que en 2010 la autoridad tributaria – Servicio de Administración Tributaria (SAT) – propuso importantes cambios al modelo, destacándose la incorporación de la validación en línea de los documentos, sin embargo esta validación es realizada por entidades privadas autorizadas por el SAT – Proveedor Autorizado de Certificación (PAC) -, lo cual quizás no sea la manera más simple y eficaz de establecer el control autoridad, sin embargo es un modelo que se ha implementado bastante exitosamente.

El renovado modelo también incluye la utilización de un código de barras en la representación gráfica de las facturas – QR Code – que le imprime mayor dinamismo a la gestión de estos documentos por parte de las empresas.

El modelo mexicano de facturación electrónica exige desde el inicio el uso de certificado digital – de empresa – para la firma electrónica de los documentos y estos certificados son provistos directamente por el SAT, no por autoridades certificadoras privadas, como ocurre en la mayoría de los otros países.

A pesar de nuestros esfuerzos para influenciar al SAT con las mejores prácticas ya existentes en la región, el actual modelo de facturación electrónica mexicano aún tiene debilidades importantes que complejizan la operación de los clientes y dificultan su masificación. Por ejemplo, los Comprobantes Fiscales Digitales (CFD), que es como les llama en México, a pesar de contar con un formato estándar (XML), éste es un poco débil y es así que en el mercado se ha instaurado una tendencia muy fuerte por parte de varias grandes empresas – en su función de compradores -, de exigir a sus proveedores la incorporación de informaciones adicionales de negocio en los CFD, pero en formatos definidos deliberadamente por cada una de estas grandes empresas. A estas informaciones adicionales se les ha llamado Adendas y realmente han sido una importante complejidad para el desarrollo de este proyecto en México, debido a la falta de estandarización.

Desde el 2010 la facturación electrónica en México se encuentra en proceso de adopción obligatoria por parte de la mayoría de las empresas del país, existiendo aproximadamente **cuatro millones de empresas** que ya facturan electrónicamente, las cuales ya han emitido más de **quince mil millones de CFD**.

Recientemente el SAT ha estado promoviendo, en conjunto con otras entidades del Estado, la implementación de mecanismos que faciliten la masificación del e-Factoring, inspirados en el modelo de Chile.

Brasil

Brasil implementó la facturación electrónica en 2007 a partir de un fuerte impulso de parte de la autoridad tributaria y cuenta con un modelo muy sólido inspirado en el chileno, pero que a partir de 2008 estableció un proceso de obligatoriedad para que gran parte de las empresas del país emitan *Notas Fiscais Eletrônicas* (NF-e).

La autoridad tributaria – Secretaría da Fazenda (SEFAZ), una por cada Estado – provee una solución gratuita (NO web), orientada a empresas muy pequeñas y que es utilizada actualmente por la mayoría de las empresas pequeñas que facturan electrónicamente.

El modelo brasilero cuenta desde el inicio con algunas características que facilitan su masificación, tales como:

1) Uso de certificado digital – de empresa – para la firma electrónica de los documentos.
2) Validación en línea de los documentos en las plataformas de las SEFAZ de cada Estado, pero usando un estándar único para todo el país. Sin embargo, esta validación es en tiempo real, lo que genera complejidades importantes debido a la excesiva necesidad de mecanismos de contingencia.
3) Representación gráfica de los documentos muy bien reglamentada, con código de barras lineal.
4) Intercambio de los documentos electrónicos entre las empresas a través de email.

Las características del modelo de facturación electrónica brasilero son bastante favorables al desarrollo de la Red Empresarial y ha continuado evolucionando en su reglamentación, incorporando definiciones respecto a las notificaciones y confirmaciones de aceptación y rechazo de los documentos, a través del Manifiesto de Entrega (MDE), funcionalidad que permite a las empresas, en su función de receptoras, descargar desde la plataforma de la SEFAZ las facturas electrónicas que les han emitido sus proveedores, para lo cual deben reconocer electrónicamente sus respectivas operaciones comerciales.

Adicionalmente, este modelo mantiene una dificultad muy importante que obstaculiza bastante la gestión de las empresas y que tiene que ver con las facturas electrónicas de Servicios, situación que expliqué detalladamente en mi libro anterior y que aún no se resuelve en forma contundente. Resumiendo, la facturación electrónica de Servicios es controlada por la autoridad tributaria de cada Municipio de Brasil – Prefeitura -, a diferencia de la facturación Mercantil, que es controlada por la SEFAZ de cada Estado de Brasil. La gran dificultad radica en que la facturación de Servicios no se ajusta a ningún estándar nacional y no tiene ninguna relación con la facturación Mercantil, que sí cuenta con estándares a nivel nacional, lo que dificulta mucho el intercambio de este tipo de documentos entre las empresas, así como sus procesos de validación.

En Brasil **más de un millón doscientas mil empresas** ya facturan electrónicamente con el modelo Mercantil y ya se han emitido más de **trece mil millones de NF-e** desde el inicio del proyecto.

Argentina

La autoridad tributaria de Argentina – Administración Federal de Ingresos Públicos (AFIP) -, a partir de 2006 ha diseñado un modelo de facturación electrónica bastante particular, que es diferente a la mayoría de los proyectos de la región y que presenta escasos beneficios para los contribuyentes, lo cual explica su bajo nivel de adopción espontánea por parte de las empresas, quienes han ido adoptándolo a medida que han sido obligadas por parte de la autoridad tributaria.

A continuación se enumeran algunas de las características del modelo argentino:

1) Abarca los principales documentos tributarios (Facturas tipos A y B, Notas de Crédito y Débito tipos A y B), a los cuales se les denomina Comprobantes Fiscales Digitales (CFD).

2) No se define ningún formato específico para los CFD, lo que significa que no existe un archivo electrónico en formato estándar que pueda ser intercambiado por las empresas, como parte de sus procesos de emisión y recepción de documentos de Compra y Venta.

3) Se debe mantener la correlatividad numérica de los documentos, así como de sus fechas, lo que genera una complejidad importante para las empresas.

4) Los contribuyentes deben adquirir Certificados Digitales emitidos por Autoridades Certificadoras privadas, pero no para firmar electrónicamente los CFD, sino para establecer la comunicación a través de Internet con la AFIP, en el momento de emisión de los documentos.

5) La plataforma de la AFIP genera "en línea" el Código de Autorización de Emisión (CAE) para cada CFD, el cual debe incorporarse al CFD.

6) El CAE también debe incorporarse en la representación gráfica del CFD.

7) Los contribuyentes "electrónicos" deben generar mensualmente los Libros de Compra y Venta en un formato de archivo TXT definido por la AFIP (RG1361) y deben enviarlos a esta entidad a través de Internet.

Desafortunadamente, el modelo argentino de facturación electrónica es un magnífico ejemplo de lo que en mi humilde opinión no debe hacerse, o sea, diseñar una reglamentación solamente orientada a resolver las necesidades de control por parte de la autoridad tributaria, en vez de plantearse un proyecto mucho más inclusivo y que genere valor para los contribuyentes, estimulando así su adopción espontánea. A primera vista pareciera que el modelo de Argentina es más simple y que evita las complejidades de otros más estrictos, pero en la práctica lo que logra es generar todo tipo de resistencias que no ayudan en lo absoluto a su masificación y consecuentemente, no permiten obtener los principales beneficios que este proyecto debería generar.

Con el actual modelo de facturación electrónica de Argentina, Gosocket va a tener serias limitaciones para su expansión en ese país, principalmente debido a la falta de estandarización en el formato de los CFD, lo que obstaculiza su intercambio libre entre las empresas y consecuentemente, el relacionamiento digital.

Costa Rica

Desde 2007, la Dirección General de Tributación (DGT), autoridad tributaria costarricense, ha ido desarrollando paulatinamente el modelo de facturación electrónica de este país, el cual hasta el momento ha ido adoptándose espontáneamente por las empresas. Sin embargo, el Gobierno de Costa Rica ha anunciado un proyecto de obligatoriedad en su uso por parte de los profesionales independientes.

A continuación se resumen las principales características del modelo costarricense:

1) Existe un formato XML definido para los principales tipos de documentos tributarios existentes en el país (Facturas, Notas de Crédito y Débito), a los cuales se les denomina Documentos Electrónicos (DE).

2) La asignación y el control de los folios (correlativos) de los documentos son realizados por la aplicación de facturación electrónica y no por la DGT.

3) Los DE deben ser firmados electrónicamente usando los Certificados Digitales.

4) Actualmente los DE no deben ser validados en ninguna Plataforma, pero se espera que en el futuro la DGT implemente una plataforma para la validación de los DE, lo cual es esencial para la masificación del modelo.

5) La representación gráfica de los documentos está reglamentada, pero no involucra la utilización de códigos de barra, ni de ningún otro accesorio que garantice su integridad y autenticidad, aunque algunas soluciones de facturación electrónica, como por ejemplo **Signature e-Invoicing**, sí los incorpora opcionalmente y esto tiene gran aceptación entre los clientes.

6) Los contribuyentes "electrónicos" deben emitir mensualmente y en forma electrónica a través de internet, la Información Electrónica de Compra y Venta (Libro Compras, Libro Ventas, Resumen mensual por periodo C/V).

7) La DGT ha reglamentado también el intercambio de notificaciones de Aprobación y/o Rechazo de los DTE, en formato XML, pero no

se han implementado mecanismos para su utilización en forma masiva.

Colombia

La autoridad tributaria de Colombia – Dirección de Impuestos y Aduanas Nacionales (DIAN) -, definió inicialmente un modelo que tiene una serie de debilidades que atentan contra su adopción masiva por parte de los contribuyentes, sin embargo, desde hace varios años la DIAN se encuentra preparando la implementación de un nuevo modelo de facturación electrónica basado en los estándares de Chile y Brasil, lo cual facilitará próximamente su masificación.

Estas son algunas de las características más importantes del modelo actual colombiano:

1) No se define un formato específico para los documentos tributarios existentes en el país (Facturas y Notas de Crédito), sino que se establece una supuesta "neutralidad tecnológica" para dicho formato, pudiendo éstos emitirse en forma de XML, PDF, TXT, etc.

2) Lo anterior significa que no existe un archivo electrónico en formato estándar que pueda ser intercambiado por las empresas, como parte de sus procesos de emisión y recepción de documentos de Compra y Venta.

3) La DIAN establece que mensualmente los contribuyentes "electrónicos" deben emitir y enviar a la DIAN resúmenes consolidados de sus operaciones electrónicas, en formato XML y firmadas electrónicamente, utilizando Certificados Digitales de las empresas emitidos por la propia DIAN.

4) Los documentos electrónicos deben contar con una autorización de Folios entregada previamente por la DIAN.

5) Los documentos pueden ser firmados electrónicamente usando los Certificados Digitales, pero esto no es obligatorio.

6) La representación gráfica de los documentos está reglamentada e involucra un contenido técnico de control, el cual deberá ser incluido como un campo más dentro de los documentos electrónicos y está conformado por varios campos representativos del documento, además de una clave técnica entregada por la DIAN. Si bien este contenido no garantiza totalmente la integridad y autenticidad de la representación gráfica de los documentos,

existen soluciones, como por ejemplo, **_Signature e-Invoicing_**, que incorporan opcionalmente el uso de códigos de barras para estos efectos, lo cual tiene bastante aceptación entre las empresas.

7) Los proveedores de soluciones de facturación electrónica requieren contar con una Certificación ISO 9001, la cual otorga por ley "garantía" de integridad y autenticidad.

Como ya comenté, este modelo actual cambiará próximamente y será implementada una reglamentación basada en las mejores y más exitosas prácticas existentes. Hemos asesorado a la autoridad tributaria colombiana en la gestación de este nuevo modelo y sabemos que esta entidad tiene una visión muy clara sobre la importancia de contar con un modelo de facturación electrónica sustentable y eficiente. Inclusive, dadas las dificultades históricas que este país ha tenido, el proyecto es considerado de carácter estratégico para la seguridad nacional.

Guatemala

La autoridad tributaria de Guatemala – Superintendencia de
Administración Tributaria (SAT) – estableció a partir de 2008 un modelo de
facturación electrónica que tiene un aspecto bastante interesante y es la
tercerización de la validación de los documentos, a través de plataformas
privadas debidamente certificadas por la propia SAT, a las cuales ha
llamado Generador de Facturas Electrónicas (GFACE).

En Guatemala, a las Facturas, Notas de Crédito y Débito Electrónicos se les
ha llamado Documentos Tributarios Electrónicos (DTE), deben tener un
formato estándar XML establecido por la SAT y deben ser almacenamos y
validados por la GFACE, entidad que además debe generar el Código de
Autorización de Emisión (CAE), que identifica en forma única a cada
documento.

Los DTE pueden opcionalmente ser firmados electrónicamente usando
certificados digitales emitidos por entidades certificadoras privadas y su
representación gráfica debe contener el CAE.

Los DTE son validados por la GFACE, aunque esta validación no necesita
ser en tiempo real y la GFACE debe emitir mensualmente un reporte de
operaciones electrónicas de cada contribuyente en un formato XML
establecido por la SAT.

En Guatemala se ha iniciado un proceso de obligatoriedad de adopción de
la facturación electrónica por parte de los contribuyentes, a los cuales se
les llama Emisor de Facturas Electrónicas (EFACE).

Perú

La autoridad tributaria peruana – Superintendencia Nacional de Aduanas y Administración Tributaria (SUNAT) -, implementó su actual modelo de facturación electrónica en 2012, basado principalmente en el chileno y estableciendo inmediatamente un proceso de obligatoriedad para las empresas más grandes del país.

Perú es un mercado de un tamaño importante y en el cual existen altos niveles de informalidad y evasión tributaria, lo que representa una motivación más que importante para la implementación de este tipo de modelos, tanto por parte de las autoridades, así como por las empresas multinacionales que ya han adoptado facturación electrónica en otros países cercanos.

Algunas de las características más importantes del modelo propuesto por la SUNAT son:

1) Uso de certificado digital – de empresa – para la firma electrónica de los documentos.
2) Validación en línea de los documentos en la plataforma de SUNAT, aunque no en tiempo real.
3) Representación gráfica de los documentos muy bien reglamentada y con mecanismos de seguridad, incluyendo código de barra bidimensional (PDF417).
4) Intercambio de los documentos electrónicos entre las empresas a través de email, pudiendo informarse opcionalmente a SUNAT las direcciones email de recepción de cada empresa.
5) Libros electrónicos (Compras y Ventas), los cuales deben ser emitidos mensualmente.

Uruguay

La autoridad tributaria uruguaya – Dirección General Impositiva (DGI) -, implementó la facturación electrónica en 2011 inspirada en las mejores prácticas a nivel regional. Desde su lanzamiento se estableció un proceso de obligatoriedad para las empresas más grandes del país.

Algunas de las características más importantes del modelo propuesto por la DGI son:

1) Uso de certificado digital – de empresa – para la firma electrónica de los documentos.
2) Validación en línea de los documentos en la plataforma de la DGI, aunque no en tiempo real.
3) Representación gráfica de los documentos muy bien reglamentada y con mecanismos de seguridad, incluyendo código de barra QR Code.
4) Intercambio de los documentos electrónicos entre las empresas a través de email, siendo la DGI quien informa las direcciones email de recepción de cada empresa.
5) Libros contables electrónicos (Compras y Ventas), los cuales deben ser emitidos mensualmente.
6) Mensajes de Aceptación y/o Rechazo electrónicos.

Ecuador

La autoridad tributaria ecuatoriana – Servicio de Rentas Internas (SRI) -, implementó la facturación electrónica en 2012 inspirada en las mejores prácticas a nivel regional. Desde su lanzamiento se estableció un proceso de obligatoriedad para las empresas más grandes del país.

Algunas de las características más importantes del modelo propuesto por el SRI son:

1) Uso de certificado digital – de empresa – para la firma electrónica de los documentos.
2) Validación en línea de los documentos en la plataforma del SRI, en tiempo real.
3) Representación gráfica de los documentos muy bien reglamentada y con mecanismos de seguridad, incluyendo código de barras QR Code.
4) Intercambio de los documentos electrónicos entre las empresas a través de email.

Europa

Una de las grandes dificultades que impiden el desarrollo de la facturación electrónica en Europa es la existencia de múltiples estándares, no sólo por industrias, sino también a nivel de los diferentes países.

Actualmente en Europa existe la Agenda Digital, que es una estrategia para el desarrollo de la economía digital hasta 2020. La Comisión Europea está enfocando sus esfuerzos en la eliminación de las barreras que impiden la adopción masiva de la facturación electrónica, habiendo detectado los siguientes aspectos claves:

- Aseguramiento de un ambiente legal consistente para este tipo de modelos.
- Masificación de su adopción incluyendo a las empresas pequeñas y medianas.
- Simulación de un ambiente que permita la máxima interacción entre los diferentes actores que intercambian facturas.
- Promoción de un estándar común de facturación electrónica.

Para abordar estos aspectos existen una serie de iniciativas específicas y para velar por el cumplimiento de éstas, la Comisión ha comprometido a los Estados Miembros a soportarlas en sus respectivos países, además de en otros países de la Unión Europea.

También existen acciones específicas relacionadas con el combate al retraso en los pagos, considerando a las facturas electrónicas como un elemento fundamental en la cadena de suministro de Productos y Servicios, disparando solicitudes de pago y determinando sus plazos. Para estos propósitos, los Estados Miembros de la Comisión Europea deben implementar sistemas que provean evidencia legal de estas operaciones, a través de las facturas electrónicas.

Todo lo anterior significa que probablemente los modelos de facturación electrónica de Europa tenderán a parecerse mucho a las reglamentaciones de los países con mayor madurez en este sentido, lo cual parecía imposible hace algunos años, demostrando el éxito que han tenido éstos últimos, principalmente en todo lo relacionado con la certificación de los documentos tributarios electrónicos y las bondades que esto representa para los procesos financieros de las empresas.

Yo recomendaría invertir los esfuerzos principalmente en establecer modelos de facturación electrónica extremadamente robustos y controlados por las autoridades tributarias, en vez de preocuparse tanto por aspectos tan complicados como el control de los plazos de pago las facturas. Como ya se ha podido ver en los modelos Latinoamericanos, los modelos estrictos conducen en forma natural a procesos financieros mucho más armónicos y sustentables, facilitando la autorregulación de las relaciones comerciales entre las empresas, así como la participación de los diferentes actores financieros. Dicho de otra forma, una factura no pagada en el plazo acordado, en un modelo maduro de facturación electrónica permitirá la activación de evolucionados mecanismos financieros, que le permitirán a las partes involucradas resolver esta problemática, de una forma muy simple pero controlada.

Una de las particularidades interesantes del mercado europeo es la existencia de varias asociaciones que agrupan los principales proveedores de soluciones de facturación electrónica, los cuales como en la mayoría de los mercados, juegan un papel determinante en el desarrollo de este tipo de modelos. Es así que se destacan la Asociación de Facturación Electrónica ("Ver" por sus siglas en alemán), con alrededor de 50 organizaciones como miembros y la Asociación de Proveedores de Servicios de Facturación Electrónica ("EESPA" por sus siglas en inglés), con más de 40 proveedores de este tipo de servicios como asociados.

Estas asociaciones están destinadas a promover la interoperabilidad entre los diferentes proveedores y modelos, incentivar la masificación de uso de la facturación electrónica, interactuar con las autoridades y recomendar las mejores prácticas ya existentes.

Estados Unidos

La facturación electrónica en Estados Unidos comenzó a desarrollarse a partir de los años 90, principalmente en lo que respecta a las facturas de las grandes empresas hacia los consumidores finales (Electronic Bill), sin embargo, según algunos estudios más del 30% de este tipo de usuarios que reciben sus facturas online, aún reciben su copia en papel.

Los requerimientos legales de la facturación electrónica en Estados Unidos son significativamente menos estrictos a los de Latinoamérica y Europa. Hasta el momento, las principales estrategias de implementación de facturación electrónica están relacionadas con proyectos de optimización de las cadenas de suministros de grandes empresas, las cuales cuentan con los presupuestos para desarrollar este tipo de proyectos – según las condiciones actuales del mercado –, y además poseen la fuerza para "arrastrar" consigo a sus grandes ecosistemas de proveedores, para que adopten sus condiciones específicas.

Sin embargo, hace varios años el Departamento del Tesoro Norteamericano propuso el IPP (Invoice Processing Platform), para que las entidades del sector público comiencen a exigir a sus proveedores que les facturen electrónicamente a través del IPP. Esta iniciativa seguramente generará próximamente un crecimiento importante en la facturación electrónica más estandarizada en Estados Unidos, acercando a este importante país a los niveles de penetración existentes en los países más avanzados en esta materia.

Comparación de los modelos Latinoamericanos

La experiencia nos dice que existen una serie de características en los modelos de facturación electrónica, que en su conjunto determinan la sustentabilidad y éxito de éstos, así que a continuación se resumen varias de estas características en los modelos de Latinoamérica que ya se encuentran en operación.

Características	CL	MX	BR [1]	AR	CR	CO	GT	PE	UR	EC
Certificado Digital obligatorio para la firma de los documentos	✓	✓	✓				✓	✓	✓	✓
Formato estándar de los documentos (XML)	✓	✓	✓		✓		✓	✓	✓	✓
Plataforma de validación de documentos por parte de la Entidad Tributaria	✓		✓					✓	✓	✓
Plataforma de validación de documentos por parte de terceros certificados		✓					✓			
Certificado Digital para la comunicación con la Entidad Tributaria o plataforma de terceros	✓	✓	✓	✓				✓	✓	✓
Certificado Digital de personas	✓			✓			✓			
Certificado Digital de empresas		✓	✓							
Entidades Certificadoras privadas	✓		✓				✓	✓	✓	✓
Control de numeración de documentos (Folios) previo a la emisión	✓									
Validación de los documentos en tiempo real vía Internet		✓								✓
Certificación soluciones de FE por parte de la Entidad Tributaria	✓	✓				✓	✓			
Confirmaciones y Notificaciones de Aceptación y Rechazo de los documentos	✓		✓		✓					
Plataforma de la Entidad Tributaria para la Cesión de Créditos	✓									
Representación gráfica de los documentos con código de barras	✓	✓	✓					✓	✓	✓
Modelo obligatorio para los contribuyentes		✓	✓	✓	✓		✓	✓	✓	✓
Libros de Compra y Venta electrónicos o resumen mensual	✓	✓		✓	✓	✓	✓	✓	✓	
Intercambio de documentos entre las empresas vía Email	✓	✓	✓		✓		✓	✓	✓	✓

No puedo asegurar que las características que se resumen en la tabla anterior son las únicas que deben ser consideradas, pero sí puedo recomendar a las autoridades tributarias que durante la etapa de diseño de su reglamentación de facturación electrónica y en sus ulteriores mejoramientos, se fijen muy bien en la forma en que adoptan cada una de

---

[1] Modelo de Facturación Electrónica Mercantil. Brasil también cuenta con el modelo de Facturación Electrónica de Servicios, el cual es muy diferente al Mercantil.

estas características, las cuales han demostrado ser muy importantes para que estos proyectos se desarrollen y sean sustentables.

Si no se reglamenta un formato específico para el manejo de la información en los documentos electrónicos, no se logrará que los contribuyentes puedan intercambiar éstos en sus relaciones habituales de negocio, lo cual es esencial para la aceptación masiva y el desarrollo del proyecto por parte de las empresas.

El no uso de los certificados digitales para firmar electrónicamente los documentos, impedirá la comprobación de que éstos sean íntegros y auténticos, lo que obstaculizará su intercambio entre los contribuyentes y también la fiscalización por parte de la autoridad tributaria y esto probablemente hará fracasar el proyecto.

Si no se exige que los documentos electrónicos sean enviados a una plataforma centralizada para su validación, no podrá comprobarse la validez tributaria de éstos, lo cual genera un gran rechazo principalmente de parte de los grandes receptores de facturas, y sin su apoyo el proyecto tendrá serias dificultades para desarrollarse. Sin embargo, pretender validar los documentos en tiempo real, generará importantes dificultades tecnológicas y operativas, así que prefiero no recomendarlo.

Y así sucesivamente podría referirme a todas las características que considero esenciales, pero como ya lo hice en mi libro anterior, prefiero no entrar en mayores detalles esta vez.

Las seis promesas no cumplidas aún por la facturación electrónica

Al comienzo hacía un breve resumen de lo que consideramos las seis promesas no cumplidas por la facturación electrónica, las cuales detallamos a continuación, ya que representan una gran fuente de inspiración para que pudiésemos discurrir la necesidad de la Red Empresarial.

1) *Eliminación del uso del papel:*

Como dije en la introducción, imprimir las facturas electrónicas tiene mucha lógica en la fase inicial de este tipo de proyectos, ya que es la forma más viable de garantizar que las grandes empresas, que son las que primero adoptan la facturación electrónica, puedan abordar el 100% de sus operaciones comerciales facturando de esta forma, no requiriendo que sus clientes más pequeños utilicen ninguna tecnología para recibir las correspondientes facturas. En Latinoamérica esto es muy importante, pues en la mayoría de los países las empresas están obligadas a recibir las facturas de sus proveedores, almacenarlas y contabilizarlas, por lo que al imprimirse las facturas electrónicas por parte de éstos, las pequeñas empresas las continúan recibiendo de la misma forma en que lo hacen tradicionalmente. O sea, todo continúa igual y eso hace que el proyecto fluya rápido inicialmente.

Sin embargo, la lógica indica que las facturas electrónicas deberían dejar de imprimirse en algún momento, pero para ello se necesita que todas las empresas, especialmente las más pequeñas que son la mayoría, puedan contar con algún mecanismo tecnológico que les permita recibir y gestionar en forma confiable las facturas electrónicas que les envían sus respectivos proveedores. Es importante destacar que esta es una necesidad de TODAS las empresas, ya que independientemente de que éstas hayan adoptado o no la facturación electrónica como emisoras, lo cierto es que cuando este tipo de proyectos inicia, termina involucrando a todas las empresas del país, al menos como receptoras de facturas electrónicas.

Este mecanismo tecnológico para la recepción electrónica debe contar sin embargo con varias características importantes, tales como: 1) ser de muy fácil acceso por parte de las empresas, para garantizar que sea adoptado masivamente por éstas, al mismo tiempo que se preserva la confidencialidad de la información; 2) concentrar en un único repositorio todos los documento tributarios electrónicos recibidos por las empresas; y 3) complementar los documentos con funcionalidades que faciliten su gestión. Hasta el momento, el mecanismo oficial que más se ha acercado a estas características es el correo electrónico, sin embargo aún está muy lejos de resolver la problemática eficazmente, lo que significa que de no existir otra solución, es prácticamente inevitable continuar utilizando el papel.

Más adelante explicaremos detalladamente cómo la Red Empresarial Gosocket lo resuelve, pero en resumen lo que hace es entregar gratuitamente a través de una aplicación web a sus respectivos destinatarios, todos los documentos tributarios electrónicos emitidos por sus proveedores que facturen electrónicamente, independientemente de la solución tecnológica que utilicen para ello. Esta entrega de documentos se realiza en forma segura y a través de funcionalidades muy simples e intuitivas.

Es muy importante destacar que aunque existan soluciones que al igual que Gosocket crean las condiciones para que los documentos tributarios electrónicos no tengan que ser impresos en papel para llegar masivamente a sus destinatarios, son sin embargo las autoridades tributarias las responsables por modificar sus respectivas reglamentaciones, eliminando la obligatoriedad de imprimir este tipo de documentos y con ello, ayudando a propiciar el importante beneficio ecológico que la facturación electrónica genera y que es la eliminación total del uso del papel en los procesos de facturación de las empresas.

2) *Recepción y procesamiento electrónico de los documentos por parte de las pequeñas empresas:*

La ausencia de herramientas tecnológicas explicada anteriormente, provoca que la mayoría de las empresas no reciban digitalmente las facturas emitidas por sus proveedores, aun cuando éstas sean electrónicas y consecuentemente, los demás procesos derivados de la recepción de las facturas también se realizan por medios no electrónicos, tales como: el ingreso de las facturas a los sistemas de gestión, su validación, confirmación, contabilización, gestión de pagos, etc.

La tendencia ha sido que algunas empresas grandes que facturan electrónicamente deciden publicar en algún portal propio sus documentos, para que sus clientes puedan obtenerlos en formato electrónico, pero lo cierto es que este tipo de iniciativas tampoco resuelve la problemática, por varias razones: 1) son muy pocas las empresas que lo hacen debido a los costos que involucra, lo que significa que las facturas de la mayoría de los proveedores quedan fuera de esta opción; 2) el formato en que se entregan los documentos – generalmente PDF o HTML – puede ser útil para entender visualmente la información de las facturas, pero no facilita mucho su posterior gestión digital, requiriéndose en muchos casos la impresión de estos documentos; y 3) los destinatarios deben recorrer diferentes portales web para rescatar sólo algunas de sus facturas recibidas, lo cual es incómodo e ineficiente.

La Red Empresarial Gosocket ofrece como su servicio más básico, la recepción centralizada de las facturas electrónicas recibidas por las empresas, utilizando el formato estándar establecido por la autoridad tributaria – generalmente XML –, además de contar opcionalmente con una representación gráfica que permite visualizar la información amigablemente. Este servicio, además de ser bastante diferenciado comparándolo con lo que existe actualmente en el mercado, es también gratuito, lo que garantiza que no existan barreras económicas para su adopción masiva.

Pero cómo conocen las empresas sobre la existencia de este servicio, para que pueda realmente masificarse?

Bueno, resulta que este servicio no sólo es interesante para las empresas que reciben las facturas (Compradores), pues representan sus Cuentas a Pagar, sino que también es muy atractivo para las empresas que emiten las facturas (Proveedores), ya que les asegura que sus clientes reciben oportunamente dichos documentos, los cuales representan justamente sus Cuentas por Cobrar, uno de los aspectos más relevantes financieramente de cualquier negocio.

Si sumamos a lo anterior que cuando las empresas entran a recibir sus facturas de proveedores, Gosocket les entrega una serie de otras aplicaciones complementarias (Gadgets), las cuales agregan valor a esta importante información, a través de funcionalidades que facilitan su gestión de negocios, entonces podemos afirmar que Gosocket tiene todos los condimentos necesarios para ser masivamente adoptado por las empresas, especialmente por las más pequeñas, ayudando así a cumplir la segunda gran promesa.

3) *Recepción 100% electrónica de documentos por parte de las grandes empresas:*

Desde que comenzamos a incursionar en la facturación electrónica en 2002, le decíamos a nuestros clientes – especialmente a los más grandes – que los principales beneficios que este proyecto les traería, estarían muy relacionados con la recepción de las facturas electrónicas de sus proveedores, ya que podrían automatizar sus procesos de recepción, validación e ingreso de estos documentos a sus sistemas de Cuentas a Pagar, facilitándose por una parte, la conciliación con las respectivas órdenes de compra previamente emitidas y por la otra, el proceso de aprobación y contabilización de los pagos. Les decíamos que mejoraría la eficiencia de sus engorrosos procesos de adquisiciones y que todo esto redundaría en el mejor relacionamiento con sus proveedores y en la optimización de sus cadenas de suministro, con el consecuente impacto positivo que esto tendría desde el punto de vista tributario, pues no olvidemos que las facturas de proveedores generan crédito fiscal, cuyo correcto uso es sistemáticamente afectado por las dificultades en la contabilización oportuna de estos documentos.

Bueno, más de trece años después seguimos diciendo lo mismo, pero lo cierto es que aún son pocas las grandes empresas que han logrado obtener plenamente los beneficios anteriormente citados. A qué se debe esto?

Desafortunadamente, mientras exista una porción – aunque sea pequeña – de sus proveedores que no facture electrónicamente, las empresas receptoras deberán lidiar con ineficientes procesos que empañan cualquier esfuerzo que se haya realizado en este sentido, independientemente de que hayan logrado un gran éxito en la automatización del proceso basado en documentos electrónicos. Dicho de otra forma, si el 100% de sus proveedores no factura electrónicamente, las ineficiencias de las cadenas de suministro de las grandes empresas continúan existiendo. Se mantiene el procesamiento manual de documentos, la pérdida de éstos, las dificultades de validación, los errores en el ingreso de los documentos en los sistemas de pago, las complejidades en su aprobación y contabilización, las pérdidas de crédito fiscal... en fin, el mundo digital continúa sin existir realmente para las empresas. Lo anterior se sustenta fundamentalmente en que son justamente los proveedores más pequeños y numerosos, los últimos en adoptar la facturación electrónica, siendo muchas veces los que mayor volumen de documentos y complejidad generan, desde el punto de vista de la recepción de las grandes empresas, pero siendo también los menos representativos económicamente, agregando bastante complejidad a esta "ecuación".

Pero probablemente lo más desafortunado es que muchas empresas grandes no ven claramente los tremendos beneficios que la recepción de facturas electrónicas les genera, o al menos no son consecuentes en sus inversiones y esfuerzos al respecto. Creemos que se necesita mucho mayor énfasis en los mensajes que las grandes empresas envían a sus proveedores, especialmente en lo que respecta a los incentivos que están dispuestas a ofrecer para que éstos adopten la facturación electrónica, por ejemplo: procesando y consecuentemente, pagando más rápido sus facturas, apoyándolos económicamente en la adopción de esta tecnología, entre otros beneficios que realmente apunten a resolver las necesidades de sus pequeños proveedores.

Estamos convencidos de que esto es un gran negocio para las grandes empresas, pero siendo sinceros, lo que más abunda son ejemplos de empresas que simplemente no se preocupan demasiado por optimizar sus cadenas de suministros y las que lo hacen, generalmente implementan proyectos que se enfocan 100% en resolver sus propias necesidades como Compradores y que están realmente muy lejos de pensar – aunque sea un poco – en las verdaderas necesidades de sus Proveedores.

Es así que surgen proyectos que "invitan" a los proveedores a integrarse a soluciones de e-Procurement, desde las cuales las grandes empresas (Compradores) definen sus necesidades de adquisiciones y consecuentemente, los proveedores pueden ofertar competitivamente sus productos y servicios, recibiendo órdenes de compra electrónicas en caso de adjudicarse negocios, proceso que suele terminar en la facturación electrónica por parte de dichos proveedores. Muchas veces estos e-Marketplaces son el único camino para que los pequeños proveedores hagan negocios con grandes compañías que implementan este tipo de proyectos, que por cierto, suele tener un costo para los proveedores, con el cual se financian las soluciones de e-Procurement que generalmente son provistas por empresas tecnológicas independientes a los Compradores. Esto es a lo que le suelo llamar "hágase la voluntad del gran Comprador" y no es que tenga algo en contra de este ya tradicional modelo, sino que simplemente creo que este tipo de enfoques no agrega demasiado valor a los pequeños proveedores, a no ser la remota posibilidad de ganar algún que otro negocio por el hecho de cumplir con los rigurosos requerimientos tecnológicos que sus grandes clientes les imponen. Esto no me parece justo y tampoco creo que sea sustentable en el largo plazo.

La Red Empresarial Gosocket crea condiciones únicas para "democratizar" el intercambio electrónico entre Compradores y Proveedores, en primer lugar porque ofrece servicios gratuitos de recepción de facturas electrónicas y otros tipos de documentos relacionados, tales como órdenes de compra, en segundo lugar porque se orienta a resolver las necesidades de las empresas de cualquier tipo, especialmente las más pequeñas, y en tercer lugar porque propone un modelo que no se financia directamente con el relacionamiento digital entre las empresas, sino que a partir de las múltiples necesidades de negocio indirectas que nacen de este relacionamiento digital masivo.

No podemos afirmar que Gosocket será la solución definitiva para lograr la masificación de la facturación electrónica, lográndose los importantes beneficios que las grandes empresas esperan conseguir en sus cadenas de abastecimiento, pero sí creemos que la Red Empresarial es un primer paso, a gran escala y muy osado, en el camino hacia el relacionamiento empresarial digital, a partir del intercambio de facturas electrónicas entre todo tipo de empresas.

4) *Comunicación electrónica bidireccional entre las empresas:*

En varios países de Latinoamérica las facturas tienen "mérito ejecutivo", o sea que las empresas que reciben facturas de parte de sus proveedores, en caso de existir razones para no pagarlas, deben rechazarlas en un plazo de tiempo legalmente determinado, o de lo contrario están obligadas a realizar dichos pagos y los proveedores tienen el derecho de reclamarlos ante la justicia. Lo anterior también debería ocurrir en el mundo electrónico, lo que sumado a la connotación tributaria que también tienen las facturas electrónicas, tanto para los que las emiten como para los que las reciben, genera la necesidad de que se implementen mensajes de aceptación y/o rechazo electrónicos de estos documentos.

Es por ello que las soluciones tecnológicas para recibir facturas electrónicas y otros documentos relacionados, no deben limitarse a resolver esta necesidad básica como su única misión, sino que deben utilizarla como punto de partida para extender su valor y resolver muchas otras problemáticas de negocio que se generan a partir de este simple proceso. Una de estas necesidades es el intercambio bidireccional de mensajes electrónicos por parte de las empresas, aceptando y/o rechazando las facturas recibidas, considerando las connotaciones tributarias y legales que sabemos tienen estos documentos.

Sin embargo, para que pueda existir tal intercambio, debe reglamentarse un formato estándar y un procedimiento para estos mensajes, de manera que las empresas "hablen un mismo idioma". Además deben ser reglamentados ciertos aspectos que permitan un intercambio electrónico seguro entre las empresas. Pero desafortunadamente, en trece años de facturación electrónica en la región, estos aspectos continúan siendo débiles en la mayoría de los modelos existentes y se suelen ver por las autoridades tributarias como una derivada muy lejana del proyecto, cuando realmente es una de sus aristas más importantes, para que la facturación electrónica sea asumida por las empresas como un eficiente mecanismo de comunicación de negocios, en vez de como una exigencia de las autoridades o de sus clientes más importantes.

Gosocket va un par de pasos más allá de la simple recepción de las facturas electrónicas, proponiendo mecanismos simples, intuitivos y eficaces para la comunicación masiva entre las empresas, pero no nos engañemos... se necesita la intervención de las autoridades tributarias para definir la parte de los estándares de comunicación que realmente le otorgan sustento tributario y legal a este intercambio electrónico.

5) Facilitación del financiamiento de las empresas pequeñas y medianas al adoptar masivamente la facturación electrónica:

Como todos sabemos, las empresas pequeñas generalmente no cuentan con un respaldo patrimonial, sino que suelen surgir a partir de emprendimientos de personas individuales o de pequeños grupos de éstas, que deciden explotar oportunidades de negocio que logran descubrir debido a sus conocimientos, capacidades profesionales, experiencia o simplemente, debido a su intuición como emprendedores. Esto significa que la mayoría de las veces el principal activo de las pequeñas empresas es bastante intangible a los ojos de las instituciones financieras que las evalúan para otorgarles créditos o algún tipo de financiamiento tradicional.

Sin embargo, las pequeñas empresas tienen ciertas ventajas que no tienen las grandes, que son el dinamismo y la capacidad de asumir riesgos constantemente, debido a la menor complejidad y más bajos costos. Y es así que las pequeñas empresas logran especializarse y ganar negocios en mercados altamente competitivos, siendo justamente estos negocios prácticamente su único patrimonio ante el mercado financiero, ya que generan las respectivas Cuentas por Cobrar – en forma de facturas – cuyos pagos pueden ser anticipados a través de los servicios como el Factoring. En otras palabras, las entidades financieras especializadas en Factoring toman las facturas emitidas por las empresas y les anticipan buena parte del efectivo que éstas esperan recibir y además se encargan eventualmente de la gestión de cobranza de estos documentos con sus respectivos clientes finales.

Las Pequeñas y Medianas Empresas (PYME) suelen tener grandes clientes cuyos ciclos de pago son complejos y distendidos, lo que significa que estas empresas deben enfrentar sus obligaciones financieras y tributarias sin contar muchas veces oportunamente con los fondos que deberían recibir de acuerdo a la exitosa gestión de negocios que han realizado. El Factoring es entonces una socorrida alternativa financiera en este tipo de situaciones, sin embargo las entidades de Factoring requieren verificar la validez de las facturas que respaldan dichas operaciones comerciales, incluyendo la aceptación de pago por parte de los clientes finales.

Y aquí entra la Facturación Electrónica con toda su gran fuerza, haciendo posible automatizar gran parte de este proceso de verificación, existiendo inclusive en algunos países como Chile la obligatoriedad de registrar electrónicamente en la plataforma tecnológica la autoridad tributaria (SII) todas las "Cesiones de Crédito" de facturas electrónicas, lo que facilita la validación en línea de estas operaciones por todas las partes involucradas. Esta automatización genera una gran disminución de costos, lo que redunda en mejores condiciones comerciales del servicio de Factoring Electrónico (e-Factoring), además de su inevitable y necesaria masificación.

¿Por qué entonces no se produce la tan esperada masificación de esta útil y efectiva práctica de negocio?

Son varias las razones, incluyendo el lógico temor de las entidades financieras, que ven amenazado los márgenes de su negocio, así como el riesgo de abrirles la puerta a sus clientes para que se financien libremente en el mercado en línea y reciban la mejor oferta posible, perdiendo supuestamente cierto poder de negociación. Sin embargo, en caso de que así fuese, la eventual reducción de los márgenes se compensaría con el incremento exponencial del volumen de operaciones, al masificar sus servicios en clientes que hasta el momento no han tenido acceso a este tipo de financiamiento. Pero lo más interesante de todo esto es tener a las PYME masivamente en línea con sus operaciones comerciales y financieras, lo que abre un nuevo mundo de oportunidades de negocio, casi imposible de dimensionar... un gran "Océano Azul"!

Existen adicionalmente algunas razones operativas que también dificultan la masificación del e-Factoring, siendo la más importante lo relacionado con la conformidad de parte del cliente que finalmente pagará las facturas, comúnmente denominado Deudor. Tradicionalmente las entidades de Factoring deben comunicarse directamente con el Deudor (telefónicamente) para validar la recepción de las facturas emitidas por sus Proveedores y su eventual conformidad con el pago. En algunos países como en Chile, existe la "conformidad electrónica", la cual puede ser emitida por el Deudor para expresar su aceptación del pago, otorgándole automáticamente "Mérito Ejecutivo" a las respectivas facturas. También existe la posibilidad de rechazar electrónicamente las facturas electrónicas que los Deudores decidan no pagar, por razones comerciales u operativas que eventualmente puedan existir.

Parece estar todo pensado... entonces, ¿por qué no funciona masivamente?

Muy simple, porque las empresas receptoras de facturas electrónicas sólo se preocupan por rechazar electrónicamente los documentos que no irán a pagar, pero prácticamente ninguna empresa se preocupaba por confirmar las facturas que sí están correctas y que sí van a pagar, a no ser que se sientan obligadas a hacerlo, lo que significa que las entidades de Factoring continúan comunicándose ineficientemente con los destinatarios de las facturas electrónicas para validar la conformidad sobre éstas. Sorprendente, pero cierto!

El camino entonces es que las empresas que reciben facturas electrónicas, especialmente las grandes y medianas, comiencen a emitir también electrónicamente su conformidad sobre los documentos que efectivamente están dispuestas a pagar. Con esto, las empresas receptoras evitarían por cierto, tener que atender telefónicamente a todas las entidades de Factoring que constantemente las llaman para realizar estas confirmaciones, además de permitirles optimizar su proceso de cuentas a pagar, el cual es afectado directamente por el Factoring, debido a la gestión de cobranza delegada en un tercero. Pero lo más importante en este sentido es que asumiendo esta responsabilidad, las grandes empresas pueden lograr fácilmente que sus proveedores tengan más y mejores opciones de financiamiento, con lo cual se hacen más competitivos, lo que consecuentemente impacta positivamente en los costos de los productos y servicios que las grandes empresas adquieren o contratan de éstos. En Chile se impulsó hace varios años el proyecto RSET (Responsabilidad Social Empresarial Tributaria) por parte del SII, con el cual ya se han comprometido grandes corporaciones y cuyo foco es promover la masificación de la facturación electrónica entre sus cadenas de proveedores, obteniéndose beneficios en todos los sentidos.

Qué mejor forma entonces de incentivar la adopción de la Facturación Electrónica entre las PYME, que asumiendo las grandes empresas el compromiso de confirmar electrónicamente las facturas recibidas disponibles para pago. Uno de los objetivos principales de Gosocket es justamente facilitar el relacionamiento empresarial en los principales procesos de negocio, especialmente los financieros, generando así las condiciones para que las PYME puedan traducir las bondades de la facturación electrónica, en beneficios directos para sus procesos de financiamiento.

Adicionalmente, como ha había explicado anteriormente en el resumen del modelo chileno, el SII ha establecido incentivos a la confirmación electrónica de las facturas recibidas, requiriendo que las empresas receptoras tengan que realizar esta acción para poder disponer del respectivo crédito fiscal. Con esta iniciativa ha aumentado exponencialmente la cantidad de facturas electrónicas confirmadas también electrónicamente y con ello, se está incentivando fuertemente el financiamiento de las PYME a través de los servicios de e-Factoring.

6) *Masificación del uso de los Certificados Digitales como mecanismo de autenticación:*

Los Certificados Digitales tienen la capacidad de otorgar autenticidad, integridad y seguridad a casi cualquier transacción electrónica, estando avalado legalmente su uso en una gran cantidad de países, sin embargo este mecanismo, que es utilizado masivamente por los servicios bancarios – casi sin que sus usuarios lo perciban –, rara vez es usado como mecanismo de autenticación a través de Internet. O sea, los mismos bancos que usan los certificados digitales para encriptar la información que viaja entre sus servidores y los exploradores de internet de sus usuarios, podrían perfectamente haber masificado el uso de estos certificados entre sus clientes, de manera que éstos los utilizasen para acceder a sus plataformas con mucha mayor seguridad que con la habitual e ineficiente combinación "usuario-contraseña", además de ayudar a mejorar la seguridad de sus transacciones más importantes, tales como las transferencias de efectivo, etc. Y pongo a los bancos como ejemplo, por ser prestadores de servicios bastante masivos, los cuales por cierto, realizan importantes inversiones, entregando tarjetas y dispositivos con "códigos seguros", para tratar de lograr la mayor seguridad posible y evitar fraudes... y digo tratar, pues en la práctica realmente no lo han estado logrando.

Con la llegada de la facturación electrónica, que utiliza los certificados digitales para: 1) firmar electrónicamente los documentos para evitar su adulteración; y 2) dotar de seguridad a la comunicación electrónica entre la autoridad tributaria y los contribuyentes, todo parecía indicar que este sería el proyecto que masificaría el uso de los certificados digitales en otros ámbitos de negocio, al menos en todo lo relacionado con la autenticación a través de Internet, considerando que cada empresa que factura electrónicamente requiere contar al menos con un certificado digital. Pero dicha masificación no ha ocurrido... por qué?

La explicación genera el clásico cuestionamiento filosófico de "qué es primero, el huevo o la gallina?". Resulta que para que hayan servicios de Internet que permitan que sus usuarios se autentiquen con certificados digitales, se necesitan muchos usuarios que dispongan de este tipo de tecnología, pero para que los usuarios se animen a adquirir certificados digitales, éstos deberían servir para algo más que autenticarse en la plataforma de la autoridad tributaria, en particular para las funciones relacionadas con la facturación electrónica, y vale destacar que éste es prácticamente su único uso disponible actualmente, por ejemplo en Chile.

Para destrabar este tipo de situaciones, casi la única opción es que o "el huevo" o "la gallina" decidan existir uno primero que el otro. O sea, alguien tiene que dar el primer paso, pues creo que no hay dudas sobre los altos niveles de seguridad y confiabilidad que los certificados digitales pueden aportarles a las transacciones vía Internet.

Lo que propone Gosocket es utilizar certificados digitales como mecanismo para verificar si sus usuarios son o no representantes legales o responsables de las empresas a cuyas informaciones solicitan tener acceso a través de la Red Empresarial. Dicho de otra forma, es tan confidencial la información de negocios almacenada en Gosocket, que se debe validar muy rigurosamente a los usuarios que acceden en representación de cada empresa, proceso que es demasiado engorroso y poco confiable en caso de utilizarse los mecanismos tradicionales, lo cual termina siendo un inhibidor para la adopción de la Red Empresarial y consecuentemente, para su crecimiento. Entonces, quizás la distribución gratuita de certificados digitales a los usuarios en el futuro, no sólo podría ser el mecanismo más barato para lograrlo, sino que además facilitaría la masificación de los servicios básicos de Gosocket, sentando las bases para la aparición de muchos otros servicios de negocio, los cuales probablemente no tendrían posibilidad de existir de no contarse con una tecnología tan segura y eficaz como los certificados digitales.

Para lograr lo anterior es indispensable que las autoridades tributarias cuenten con un servicio público de autenticación segura, el cual permita a las aplicaciones de negocio consultarles si un usuario que se autentica con un certificado digital, es representante legal de una empresa o tiene algún tipo de derecho otorgado por el representante legal. Este tipo de servicio ya existe, pero normalmente es utilizado sólo internamente por las autoridades tributarias.

Funcionamiento de la Red Empresarial

Imagínese que después de todo lo descrito anteriormente, un pequeño empresario reciba una notificación vía email, a través de la cual alguno de sus más importantes proveedores lo invita a registrarse gratuitamente a una Red Empresarial que le permitirá recibir las facturas electrónicas enviadas por dicho proveedor. Sinceramente, esto no parece diferenciarse demasiado de lo que hacen ya varios de los grandes proveedores, quienes publican sus facturas en un ambiente web al cual pueden acceder sólo sus clientes. Sin embargo, si al acceder a la Red el destinatario del ejemplo puede recibir también las facturas que les envían otros de sus proveedores, esto definitivamente sí es un servicio diferenciado, pues hasta donde sabemos, no existe ninguna solución que publique las facturas electrónicas recibidas en corma segura en un único repositorio, al cual puede accederse sin costo alguno.

Continuando con el proceso de adopción, el pequeño empresario, que ni siquiera sabe muy bien cuáles son las diferencias entre una factura electrónica y una normal, y que probablemente su fuerte no es la adopción de tecnologías de información para su negocio, entra a una aplicación web extremadamente intuitiva que le muestra las facturas recibidas de parte del proveedor que lo invitó, el cual por cierto, sólo tuvo que incluir el email del destinatario en un campo definido para este propósito, en el archivo electrónico de alguna de las facturas destinadas a este cliente. Con esa sola acción, que es algo completamente usual para las empresas que facturan electrónicamente, la Red Empresarial envía la invitación automática que describía al inicio. El destinatario sólo debe proveer una contraseña durante el proceso de registro en la Red y se usa su dirección email como usuario para acceder a ésta. Es importante destacar que el destinatario sólo podrá ver las facturas emitidas por el proveedor en cuestión, aunque constantemente se le alerta de facturas de otros proveedores, también destinadas a su empresa, pero que no podrá ver a no ser que el usuario logre validarse como representante legal de la empresa, como usuario administrador de ésta o como usuario simple, con autorización para acceder a estos documentos. Esta restricción se debe a que la Red no puede confiar aún en ese usuario, el cual sólo ha sido identificado por alguno de sus proveedores y por ello sólo se le otorga acceso a las facturas enviadas por dicho proveedor, aunque no las del resto.

Para validarse como usuario principal existen varias opciones, algunas más automáticas que otras y esto depende de las particularidades locales. Por ejemplo, en varios países ya se cuenta con un mecanismo que permite consultar automáticamente en la plataforma de la autoridad tributaria, si un usuario que se identifica con su certificado digital es representante legal de la empresa para la cual está intentando validarse. En Brasil en cambio, como los certificados digitales utilizados en la facturación electrónica son de representante legal de empresa, las entidades certificadoras que los generan deben garantizar que los usuarios a los que se les otorgan tengan dicha atribución, lo que significa que sólo comprobando la validez del certificado digital del usuario es posible entregar acceso a la información de la empresa y esto es exactamente lo que hace Gosocket. En México la situación es bastante similar, con la única diferencia que los certificados digitales son entregados por la propia autoridad tributaria, así que el proceso de validación de los usuarios es realizado también usando esta tecnología.

En los países donde no es posible aún automatizar este proceso de validación, los usuarios solicitan acceso a sus respectivas empresas a través de una funcionalidad manual, que consiste en un formulario donde ingresan una serie de informaciones y eventualmente, pueden anexar documentos legales que los acreditan como representantes de sus respectivas empresas.

Después de validado el usuario, o incluso sólo teniendo acceso a un grupo restringido de sus facturas electrónicas recibidas, lo siguiente que puede hacer éste es consultar todos sus detalles en un ambiente web extremadamente simple e intuitivo. Adicionalmente, puede pagar dichas facturas de una forma muy fácil, siempre y cuando sus proveedores hayan suscrito un acuerdo de recaudación con algunas de las entidades de pago electrónico integradas a la Red. El pago de las facturas a través de dichas entidades es un proceso muy simple, pues cada factura tiene una opción de visualización, desde la cual es posible acceder al botón de pago con las opciones disponibles. En caso de que un usuario intente pagar una factura cuyo proveedor no tiene ninguna opción de recaudación contratada, la

Red lo detecta automáticamente y le permite enviar un mensaje al contacto de dicho proveedor, alertándolo sobre este útil servicio de Recaudación, lo cual facilita mucho su proceso de adopción por parte de proveedores de cualquier tipo y tamaño.

Entre las funcionalidades más básicas de la Red está la posibilidad de consultar quiénes son los proveedores y sus respectivas informaciones de negocio, etc., lo cual es provisto en forma automática y natural por la Red Empresarial, usando las informaciones almacenadas dentro de los propios documentos electrónicos. Además, es posible entrar en contacto con los proveedores e invitar a otras empresas a registrarse en la Red, tan fácilmente como se haría con un "amigo" en una red social, pero lo interesante es que nadie tiene que estar actualizando informaciones para que gran parte de esta interacción sea posible, sino que la propia Red utiliza las informaciones de negocio ya disponibles a partir del intercambio de documentos electrónicos para promover la comunicación, aunque obviamente cada usuario puede actualizar su información personal y la de su empresa, configurar imágenes, logotipos, etc.

Las empresas que cuentan con operaciones multinacionales, pueden acceder a todas las funcionalidades descritas anteriormente para todos los países en los que Gosocket se encuentra operativa, con sólo seleccionar el país correspondiente. Los usuarios se registran solamente una vez – con su dirección email – y solicitan validarse para cada una de las empresas o filiales en los respectivos países, después de lo cual los usuarios pueden navegar por los diferentes países sin tener que autenticarse cada vez, accediendo así en forma muy fácil y centralizada a sus informaciones de negocio de varios países e interactuando con sus ecosistemas de clientes y proveedores, desde una única solución. Esto, hasta donde sabemos es algo completamente inédito.

Hasta aquí hemos descrito las funcionalidades más básicas de la Red Empresarial, pero hay muchas más opciones disponibles que pueden ser adoptadas por las empresas con relativa simplicidad. Por ejemplo, a través del Marketplace de aplicaciones de Gosocket (Gadgets) los usuarios pueden suscribirse al uso de diferentes soluciones diseñadas para hacer más eficientes sus procesos de negocio, al mismo tiempo que agregan valor y capacidades de gestión a la información de su propia empresa que ya se encuentra almacenada en la Red. Imagine entonces que este pequeño empresario del ejemplo pueda acceder a una solución que le permita contabilizar automáticamente sus documentos electrónicos recibidos, o a una aplicación con la cual reciba automáticamente las órdenes de compra que sus proveedores más importantes le envíen y las relacione automáticamente con sus respectivas facturas, o una funcionalidad que le permita configurar y administrar automáticamente sus catálogos de productos o el inventario, o una aplicación para el manejo de su flujo de caja, etc.

Algo muy interesante de estas aplicaciones es que la mayoría corre en la nube, por lo que no es necesario instalar ningún software localmente, sino que simplemente se requiere suscribir un acuerdo para su utilización. La Red ha implementado un mecanismo que permite que estas aplicaciones se ejecuten en una infraestructura externa propia de las empresas que las desarrollan, pero sin que el usuario tenga que salir de éstas o autenticarse varias veces para acceder a diferentes funcionalidades. O sea, los usuarios siempre se mantienen autenticados en la Red, mientras utilizan diferentes soluciones que se ejecutan transparentemente en diferentes entornos tecnológicos, pero que se mantienen conectadas a la Red y a la información a través de un sofisticado y seguro mecanismo de integración.

También es muy interesante que varias de estas aplicaciones son gratuitas para el cliente final, ya sea por una estrategia de gratuidad específica utilizada por sus desarrolladores, o porque promueven otros servicios pagados indirectamente por otros actores. Por ejemplo, las soluciones de contabilidad pueden ser pagadas por los contadores externos de las empresas, quienes a su vez se benefician mucho debido al procesamiento automático de la información contable. Y como éste hay muchos otros ejemplos de nuevos tipos de soluciones principalmente para empresas pequeñas y medianas, pero que generan gran interés de parte de las grandes empresas, quienes están dispuestas a financiar parte de sus costos debido a los beneficios que les generan.

Casi todas estas funcionalidades pueden ser aprovechadas por la empresa que es invitada a la Red, inicialmente sólo como Receptora de documentos electrónicos. Pero... qué pasa con la emisión? Bueno, parte importante de los beneficios que ofrece la Red Empresarial están asociados al proceso de emisión de documentos electrónicos y es por ello que constantemente se incentiva por diferentes vías a las empresas, para que comiencen también a facturar electrónicamente. Es así que, por ejemplo, las empresas que aún no emiten este tipo de documentos reciben ofertas de parte de las entidades Financieras y de Factoring, para obtener Capital de Trabajo a través del anticipo de sus Cuentas por Cobrar, para lo cual sólo deben comenzar a facturar electrónicamente.

Para facilitar la adopción de la facturación electrónica, la Red Empresarial cuenta con diferentes alternativas, varias de las cuales están enfocadas en las empresas pequeñas, e inclusive, algunas de éstas son gratuitas o extremadamente económicas, dependiendo de las condiciones de cada mercado y de la evolución de estos modelos en cada país. Adicionalmente, en los países con modelos más maduros, las autoridades tributarias ofrecen soluciones de facturación electrónica gratuitas para las empresas más pequeñas, las cuales son perfectamente aprovechables en la integración de las empresas a Gosocket, ya que generan la materia prima que Gosocket necesita para continuar creciendo – las facturas electrónicas.

Una vez que las empresas ya facturan electrónicamente, para poder comenzar a aprovechar los beneficios de la Red también como emisoras, deben sincronizar sus documentos emitidos, para lo cual existen varias alternativas. Las empresas que facturen con soluciones que sean aliados comerciales de Gosocket (Dealers), no necesitan hacer mucho para que sus facturas electrónicas aparezcan automáticamente en la Red y consecuentemente, puedan comenzar a utilizar sus beneficios también como Emisoras. En caso de utilizar otra solución, existen dos alternativas para sincronizarse, la primera es solicitar a Gosocket conectarse a través de sus web services, opción disponible principalmente para empresas más grandes y sofisticadas, y la segunda es comenzar a enviar sus documentos hacia la casilla de email de recepción centralizada de la Red, que es la opción más simple y transparente.

Cuando las facturas electrónicas se encuentran en Gosocket, entonces se habilitan funcionalidades muy similares a las anteriormente descritas en relación con las facturas recibidas a través de la Red Empresarial. Los documentos pueden visualizarse fácilmente, se pueden consultar las informaciones de los clientes a partir de los datos almacenados en los documentos y entrar en contacto con éstos. También pueden contratar Gadgets que operen con documentos emitidos o mejorar el uso de Gadgets que ya hubieran sido contratados previamente.

Pero quizás la funcionalidad más importante de Gosocket para emisores de facturas electrónicas, es la posibilidad de anticipar sus pagos a través de las entidades de e-Factoring disponibles (Gosocket e-Factoring), recibiendo inclusive ofertas automáticas de algunas de estas entidades. Las funcionalidades de Gosocket e-Factoring tienen varias características muy importantes, diseñadas específicamente para facilitar el financiamiento de las pequeñas empresas y generar un gran volumen de negocios financieros.

La primera de estas características es que cuando los clientes necesitan anticipar el valor de sus facturas electrónicas, a través de las funcionalidades de consulta de éstas en Gosocket, reciben automáticamente informaciones muy útiles respecto al récord histórico de sus cesiones, entre otras, lo cual facilita muchísimo la decisión sobre qué documentos anticipar y a través de cuáles entidades de e-Factoring hacerlo. Gosocket e-Factoring ordena las facturas según su probabilidad de ser anticipadas, en función de la información histórica de cesiones de documentos destinados a los mismos Clientes (Deudores).

Otra característica esencial de Gosocket e-Factoring es que sus funcionalidades son extremadamente simples e intuitivas, lo cual es muy deseado por dos razones, en primer lugar porque la mayoría de los clientes en Gosocket son empresas pequeñas que generalmente no tienen mucha experiencia en tecnología y en segundo lugar, porque el proceso de anticipar Cuentas por Cobrar es muy crítico, ya que las empresas normalmente necesitan capital de trabajo con bastante inmediatez, así que mientras más simple sea la forma de obtenerlo, mejor.

También en función de la inmediatez, las funcionalidades de Gosocket e-Factoring conectan en forma muy eficiente a las empresas que están anticipando sus facturas con las correspondientes entidades de e-Factoring, de manera que no se necesite demasiado intercambio manual entre ambas partes. De tal forma, cuando una empresa desea anticipar facturas, sólo las selecciona a través de Gosocket e-Factoring y genera una solicitud de análisis (nómina) por parte de alguna de las entidades de e-Factoring disponibles, lo cual es suficiente para que ésta sea notificada automáticamente y pueda comenzar dicho proceso de análisis. Lo interesante es que Gosocket facilita mucho este análisis por parte de la entidad de e-Factoring, ya que las facturas son validadas automáticamente en su integridad y autenticidad, pero adicionalmente, notifica si las facturas han sido confirmadas para pago electrónicamente por sus respectivos Deudores, lo cual es muy útil pues evita que el Factoring tenga que comunicarse con los Deudores y consecuentemente, acelera el proceso de financiamiento, haciéndolo mucho más escalable.

Este proceso de e-Factoring descrito anteriormente puede ser mejorado aún más, a través de una funcionalidad opcional, en la cual las entidades de Factoring pueden configurar previamente ciertas ofertas automáticas y las condiciones que deban cumplir las facturas electrónicas que apliquen a dichas ofertas. Esto se realiza a través de reglas parametrizables, donde se establecen, por ejemplo, los valores de las facturas, sus plazos de pago, la lista de posibles Deudores, entre otras condiciones que cada Factoring prefiera para trabajar. La consecuencia inmediata de este tipo de configuraciones es que las empresas emisoras de facturas electrónicas comienzan a recibir ofertas automáticas para anticipar sus respectivos pagos, a las cuales pueden aplicar en forma inmediata. Y cuando varias entidades de e-Factoring utilizan esta opción, las pequeñas empresas pueden comenzar a recibir varias ofertas por cada una de sus facturas. Esto parece ser inédito en el mundo empresarial y financiero, donde tradicionalmente las pequeñas empresas son quienes tienen que salir a buscar el financiamiento, en vez ser de las entidades Financieras quienes tengan que diferenciarse, siendo más agresivas y eficientes en sus condiciones comerciales.

La potencia del e-Factoring radica en dos aspectos que son fundamentales, el primero tiene que ver con las tremendas bondades del Factoring en general – no sólo el electrónico –, ya que no constituye una deuda para la empresa cedente de las facturas, sino que es un anticipo de sus Cuentas a Pagar, derivadas de operaciones comerciales debidamente respaldadas por documentos tributarios de comprobable autenticidad, especialmente cuando éstos son electrónicos. El segundo aspecto fundamental es el gran volumen de facturas electrónicas que ya se generan en los diferentes mercados, facilitándose así el proceso de validación masiva de este tipo de documentos.

Y para concluir este capítulo sobre el funcionamiento de la Red Empresarial, es importante destacar que aunque en este libro enfatizo mucho en los servicios que más tangiblemente generan impactos en las empresas, especialmente en el ámbito financiero, lo cierto es que Gosocket genera un amplio ambiente de relacionamiento entre las empresas que compran y venden productos y/o servicios, así como entre las empresas y las diferentes entidades con las cuales interactúan. Este relacionamiento en todo el ámbito de negocios, aunque un poco abstracto inicialmente, parece ser uno de los aspectos esenciales del funcionamiento de la Red Empresarial, diferenciándola de casi todas las plataformas empresariales conocidas hasta el momento.

Los grandes desafíos de la Red Empresarial

Basado en lo descrito anteriormente, suelo afirmar que antes del surgimiento de la Red Empresarial "el mundo digital empresarial aún no existía", pues la forma en que interactúan electrónicamente las empresas es aún demasiado limitada, no sólo por la poca profundidad de dicha interacción, sino también por la escasa cantidad de empresas que lo hacen de forma digital. Pero también me gusta afirmar que definitivamente sí es posible implementar el mundo digital en el ámbito empresarial y que estamos más cerca de ese mundo de lo que pensamos.

La Red Empresarial Gosocket generará impactos muy positivos en los negocios y grandes beneficios para las empresas, provenientes del relacionamiento electrónico entre éstas, sin embargo, debe enfrentar importantes desafíos, por ser un servicio muy disruptivo que propone cambios profundos en la forma tradicional en que ocurre el relacionamiento en los negocios empresariales.

A continuación comentaré los principales desafíos que tiene la Red Empresarial, los cuales he dividido en los siguientes grupos:

- Masificación de los servicios de la Red.
- Seguridad y confidencialidad de la información.
- Escalabilidad de la Red.
- Resistencia del mercado y de los actores establecidos.

Masificación de los servicios de la red

Es importante entender que Gosocket es una solución enfocada en el relacionamiento de todas las empresas y como sabemos, la mayoría de las empresas son pequeñas y medianas, lo que las define como sus principales clientes, independientemente de que sean las grandes empresas los principales motores de su masificación y que consecuentemente, también se beneficien fuertemente con los servicios de la Red. Para nosotros fue trascendental haber entendido esto, pues por simple que parezca, es lo que nos ha permitido enfocar correctamente nuestra estrategia para abordar este tremendo desafío, el cual se divide a su vez en los siguientes aspectos:

- Modelo de adopción
- Simplicidad de las funcionalidades
- Gratuidad
- Viabilidad económica

Modelo de adopción

Para que Gosocket pudiese ser una red cuyo alcance fuese verdaderamente la mayoría de las empresas, una de las premisas fundamentales es que su uso pudiese propagarse rápidamente. Obviamente, esto no es lo único importante, sabemos que también debe ofrecer un importante valor para lograr retener a las empresas después de su adopción, lo cual abordaré más adelante, pero le doy mucha importancia a lo efectivo que debe ser el modelo de adopción, pues aparentemente existen infinidad de buenas soluciones orientadas a las pequeñas empresas, pero muy pocas han logrado realmente masificarse y tener la penetración que desearían y que este mercado necesita.

Fue nuestra experiencia ofreciendo servicios y soluciones de facturación electrónica, lo que nos permitió entender que nuestros grandes clientes generaban facturas electrónicas dirigidas a cientos de miles de empresas, la mayoría muy pequeñas y que ni siquiera sabían que podían recibir las facturas de sus proveedores por medios digitales. Fue así que en 2009 notamos que en nuestra plataforma de facturación electrónica, sólo en Chile, en la cual almacenábamos los documentos emitidos por más de 300 grandes empresas de ese país, albergábamos facturas de más de 200.000 empresas destinatarias, obviamente la mayoría pequeñas. Cuando descubrimos esto, comenzamos a tratar de discurrir algún servicio de recepción de facturas que pudiésemos ofrecer a todas esas pequeñas empresas. Al comienzo casi siempre llegábamos a escenarios comerciales inviables, lo cual trataré más adelante en este mismo capítulo, pero lo más importante es que ni siquiera lográbamos diseñar un mecanismo para asegurarnos de que este tipo de empresas pudiese realmente adoptar dicho servicio. Intentamos hacer alianzas con empresas mejor orientadas que la nuestra a ofrecer soluciones de negocio a pequeñas compañías, pero nada resultó pues para empezar, no nos creyeron capaces de hacerlo.

A finales del 2010, yo estaba reunido con un importante cliente nuestro en Brasil, gran exponente de la industria de productos de consumo masivo, analizando los detalles de un proyecto de actualización de nuestra solución tradicional de facturación electrónica, cuando de repente me preguntaron si nosotros teníamos alguna solución que les permitiese garantizar que sus miles de pequeños clientes recibiesen las facturas electrónicas emitidas por ellos. Fue entonces que entendí realmente lo importante que era para nuestros clientes – como emisores – asegurarse de que sus facturas lleguen a buen destino pero digitalmente, lo cual era algo que quizás yo debía saber, pues llevaba casi una década en este negocio, sin embargo, siempre nos habíamos orientado a resolver esta problemática desde la perspectiva de nuestros grandes clientes y no desde la de sus propios clientes. Me explico, nuestra solución siempre tuvo mecanismos para distribuir las facturas electrónicas emitidas por nuestros clientes, principalmente a través de reglas de distribución vía Email, pero lo que acababa de entender era que, en primer lugar esto no era suficiente para nuestros clientes y en segundo lugar y más importante aún, para ellos era tan trascendental que sus facturas electrónicas llegasen a destino por medios digitales, que eran ellos mismos quienes podían apoyarnos con el complicado proceso de adopción del servicio masivo de recepción de facturas por parte de las pequeñas empresas... Bingo!

Obviamente, había un montón de cosas por resolver aún para que esto fuese viable en todos los sentidos, especialmente desde el punto de vista económico, pero este descubrimiento inicial era muy importante, pues a partir de ese momento simplemente comenzamos a decirles a nuestros grande clientes que contábamos con un valioso servicio que les permitía hacer llegar sus facturas electrónicas a sus destinatarios, para lo cual sólo debían incluir la dirección Email de sus clientes en los respectivos documentos, pues la plataforma se encargaba de invitarlos automáticamente, con la gran particularidad de que cuando sus clientes adoptaran la solución, encontrarían también facturas electrónicas de otros proveedores, lo que representa un servicio de gran valor para ellos.

Con nuestros grandes clientes on-board nos aseguramos de llegar a muchas pequeñas empresas con un esfuerzo comunicacional relativamente bajo. Por cierto, en este momento las facturas electrónicas sólo de nuestros clientes de Chile van dirigidas a más de 800.000 empresas, representando esto un alto porcentaje de las empresas de este mercado.

Simplicidad de las funcionalidades

Como todos sabemos, las pequeñas empresas son normalmente las más rezagadas en la adopción de tecnologías de información y realmente muy pocos proveedores de tecnología pueden decir que han conquistado una porción realmente importante de este difícil mercado. Son muchas las razones, pero creo que una de las principales es que muchas soluciones tecnológicas empresariales suelen tener un nivel de complejidad muy alto para las PYME, lo cual impide que sean adoptadas fácilmente y en forma autónoma por éstas, por requerirse casi siempre de costosos servicios de asesoría y consultoría para ser implementadas.

Sólo por nombrar un ejemplo, analicemos los sistemas de gestión empresarial o ERP, como comúnmente suele llamárseles. Resulta que estos sistemas, por simples que puedan parecernos a los que más experiencia tenemos en ese tipo de soluciones, lo cierto es que su implementación y utilización involucra conocimientos bastante específicos en los ámbitos financieros, contables, comerciales, técnicos, etc., que la mayoría de los ejecutivos de las pequeñas empresas no tienen o simplemente prefieren enfocarse a los objetivos principales de sus negocios, en vez de tener que mantener la inevitable burocracia sistémica que un negocio de cualquier tipo requiere. Por ejemplo, a empresas como la que dirijo hace más de 10 años, conformadas en su mayoría por profesionales de informática que están entrenados y familiarizados con sistemas de gestión y que viven de comercializar productos y servicios relacionados, nos cuesta muchísimo mantener un ERP correctamente funcionando y con la información debidamente actualizada. Yo diría inclusive, que muy pocas empresas de este tipo están realmente satisfechas con sus sistemas de gestión. Qué podemos esperar entonces de empresas pequeñas cuyo negocio principal es totalmente ajeno a los sistemas informáticos?

Lo anterior me ha llevado a pensar que la mayoría de los ERP, de la forma en que están diseñados y enfocados, no son efectivos en el mundo de las pequeñas empresas, donde probablemente lo que tiene mayor sentido son pequeñas y simples soluciones, enfocadas a resolver con excelencia procesos de negocio muy específicos, yo diría que de forma casi aislada cada proceso, de manera de evitar al máximo las complejidades. Para las PYME, en lo que creo es en soluciones simples para resolver en forma casi independiente los procesos de: ventas, compras, gestión de pagos, gestión de cobranza, contabilidad, distribución, marketing, comunicaciones, financiamiento, etc.

Por cierto, ya me han dicho que esto podría ser inviable desde el punto de vista del soporte técnico que se requeriría para apoyar a los clientes de tales soluciones y suelo polemizar preguntando: "cuántas veces has llamado usted al soporte técnico de tu red social favorita?"... la respuesta siempre es que nunca han llamado y si me dicen que no es lo mismo, entonces les hago notar que la mayoría de las redes sociales manejan funcionalidades bastante sofisticadas, pero lo hacen de forma muy intuitiva y simple, para que usuarios no expertos en software puedan adoptarlas masivamente.

Sin embargo, para lograr una mayor eficiencia, tales soluciones no deberían estar totalmente desconectadas, sino que deberían converger en algún punto que permita cierta relación entre los principales procesos de negocio de una empresa. Ese punto de encuentro o núcleo integrador entre las aplicaciones para las PYME proponemos que sea justamente la información de negocios almacenada y centralizada, la cual representa la espina dorsal de la Red Empresarial. Dicho de otra forma, Gosocket concentra información de negocios de las empresas, a partir de la cual fluyen diversas soluciones que, en una forma de estrella, ayudan a resolver de manera simple e intuitiva las diferentes problemáticas y procesos de negocio.

Gratuidad

Otra de las razones por las cuales las soluciones enfocadas en las pequeñas empresas no se han masificado es su costo. Muchas veces el costo de este tipo de soluciones no es precisamente alto, pero simplemente las empresas a las que van dirigidas no perciben suficientemente el valor que generan y consecuentemente, no están dispuestas a pagar dichos costos, aunque sean bajos. Como ya he explicado anteriormente, asesorar a las empresas pequeñas sobre los beneficios de estas soluciones y convencerlas sobre el retorno de su inversión, puede ser un proceso consultivo económicamente inviable.

Todo parece indicar entonces que sería muy deseable que este tipo de soluciones pudiesen ser gratuitas, al menos los servicios más básicos que permitan atraer inicialmente a las pequeñas empresas, para posteriormente poder ofrecerles otras soluciones más sofisticadas que sí podrían tener un costo. Esta estrategia de gratuidad de uso, sumada a la simplicidad y a la facilidad de adopción explicadas anteriormente, eliminan casi todas las barreras de adopción existentes normalmente y es exactamente el camino que decidimos tomar en Gosocket.

Evidentemente, nos hemos inspirado un poco en los modelos de algunas redes sociales existentes, aunque desafortunadamente la mayoría están enfocadas a personas y no a empresas, por lo cual algunas estrategias que éstas utilizan podrían no ser precisamente las más idóneas para la Red Empresarial.

Viabilidad económica

Por ahora todo suena bastante coherente, pero cómo hacemos para que todo esto sea viable económicamente? Sí, porque Gosocket definitivamente no es un emprendimiento sin fines de lucro. Gosocket es un negocio y más adelante dedicamos un capítulo a describir detalladamente cada una de sus fuentes de ingreso de la Red Empresarial, así que a continuación sólo comentaré muy brevemente sus principales premisas de negocio.

Entonces, cómo va Gosocket a ganar dinero si todo es gratis?

Esta es una pregunta que he tenido que responder casi siempre que le he hablado a alguien por primera vez de la Red Empresarial. Y no tengo problemas en hacerlo una y otra vez, pero me llama la atención como mucha gente me hace esta pregunta, prácticamente ignorando que ya usamos a diario muchas soluciones, algunas de gran utilidad, por las cuales nunca hemos pagado un dólar. Entonces, me gusta polemizar respondiendo con otra pregunta: "alguna vez has pagado algo por usar tu red social favorita?". La respuesta no se hace esperar... es un NO contundente de la mayoría de los encuestados. Probablemente ya el mundo ha asumido que las redes sociales existen y que deben ser gratuitas, y no me parece mal, lo que trato de advertir es que algo muy similar terminará ocurriendo también con las empresas. La Red Empresarial existirá porque es funcionalmente muy útil y sus servicios básicos serán gratuitos porque existen mecanismos que permitirán rentabilizarla.

Yendo al grano, hemos implementado cuatro fuentes desde las cuales Gosocket obtiene sus ingresos. A la primera fuente le hemos llamado **e-Payments** y aprovecha la oportunidad de pagar electrónicamente las facturas, la cual se genera cuando principalmente las pequeñas empresas las reciben gratuitamente y en forma electrónica mediante Gosocket. La oportunidad de negocio se genera directamente con la comercialización de servicios de recaudación hacia las empresas emisoras de las facturas electrónicas, los cuales son brindados por plataformas especializadas en transacciones de pago electrónico. O sea, Gosocket al entregar gratuitamente y en red las facturas electrónicas a sus destinatarios, viabiliza que éstas sean pagadas electrónicamente en forma simple, ganando la Red un valor por cada transacción de pago efectivamente realizada.

La segunda fuente de ingresos es el **e-Factoring**, un servicio disponible en Gosocket para que las empresas puedan anticipar sus Cuentas por Cobrar, a través de proveedores especializados en servicios financieros y de Factoring, como expliqué anteriormente. En Gosocket se almacenan y validan las facturas electrónicas, pero además se interconectan a compradores y proveedores, todo lo cual facilita muchísimo los procesos de validación que requieren realizar los Bancos y entidades de Factoring para anticipar las Cuentas por Cobrar de sus clientes, así que Gosocket gana un valor por cada transacción de e-Factoring realizada.

La tercera fuente de ingresos es la publicidad y le hemos llamado **Invoice-AD**, un servicio muy especializado que permite llegar con mensajes publicitarios muy específico a las empresas, directamente relacionado con sus giros de negocio. Las facturas, notas de crédito y débito, guías de despacho, órdenes de compra, etc., son documentos revisados constantemente por personal de las empresas relacionado con compras, contabilidad y finanzas, lo que convierte a Gosocket en un canal publicitario muy atractivo para avisadores, cuyos servicios y/o productos son contratados y adquiridos principalmente por empresas (B2b), no estando muy desarrollado digitalmente este tipo de canales, ya que la mayoría de las soluciones de publicidad que existen están orientadas a consumidores finales (B2C).

El cuarto mecanismo con el cual Gosocket se beneficia económicamente es la comercialización de pequeñas aplicaciones a las cuales llamamos **Gadgets** y que son desarrolladas principalmente por terceros, pero que están totalmente integradas a Gosocket a través de una API (Application Programing Interface). Gosocket contiene la información de las empresas, preservando al máximo la seguridad y confidencialidad de la misma, sin embargo hemos desarrollado esta API, específicamente diseñada para permitir la integración segura de soluciones de terceros, de manera que enriquezcan dicha información a través de las más diversas funcionalidades de negocio. Gosocket también ha desarrollado un Marketplace para la comercialización de estos Gadgets, en el cual los clientes pueden buscar todas las soluciones existentes y contratar su uso.

Más adelante explico los detalles de todas estas fuentes de negocio.

Seguridad y confidencialidad de la información

La información que maneja Gosocket – desde lo más básico – es muy sensible para las empresas, pues se trata de sus operaciones de compras y ventas resumidas en documentos electrónicos y sus respectivas transacciones financieras, que contienen precios, condiciones comerciales, plazos de pago y cobro, datos logísticos, entre otras muchas informaciones totalmente confidenciales. Esto significa que el acceso de los usuarios a la Red Empresarial y a sus informaciones debe estar controlado por estrictas medidas de seguridad y es así que este desafío lo hemos subdividido en los siguientes aspectos:

- Confidencialidad de la información
- Autenticación masiva pero segura de los usuarios

Confidencialidad de la información

Uno de los aspectos más sensibles en lo que respecta a la información de negocios de las empresas que es almacenada por Gosocket, es la confidencialidad de dichos datos. Estamos hablando de las facturas que las empresas emiten y/o reciben, en las cuales se almacena información sobre los productos, sus condiciones comerciales, los impuestos, datos logísticos de sus clientes y proveedores, entre otras informaciones de gran relevancia para los negocios y que consecuentemente, deben ser resguardadas muy celosamente.

Gosocket no sólo protege las informaciones de los clientes a nivel de la infraestructura tecnológica que soporta toda la solución, sino que además cuenta con rigurosas reglas que permiten definir a quiénes debe ser entregado cada documento electrónico y sus respectivas informaciones. Usemos como ejemplo la funcionalidad más básica de Gosocket, que es la entrega de las facturas electrónicas a los correspondientes destinatarios. Resulta que las empresas emisoras de las facturas, están muy preocupadas por la seguridad de la información, pero al mismo tiempo tienen gran interés en que los documentos sean distribuidos a sus clientes, lo que genera un compromiso muy tenso entre el valor funcional de Gosocket y la necesidad de privacidad de la información. Lo que hacemos entonces es sugerirles a los emisores que utilicen el campo "Email del destinatario" de las facturas electrónica, para identificar a los clientes que deben recibir las respectivas facturas, con lo cual Gosocket automatiza el envío de notificaciones a dichos clientes, invitándolos a formar parte de la red. Debido a la gran cantidad de facturas con que cuenta Gosocket, es muy probable que la solución tenga facturas destinadas a esos mismos clientes pero emitidas por otros proveedores y esto es justamente uno de los mayores valores que aporta la Red Empresarial. Sin embargo, Gosocket sólo puede alertar a los clientes, que tiene almacenadas más facturas de otros proveedores, pero no puede mostrárselas a no ser que los respectivos usuarios ya registrados en la Red estén 100% validados como representantes legales de la empresa o como personas debidamente autorizadas para acceder a dicha información, proceso que explicamos más adelante. De todas formas, Gosocket ofrece funcionalidades para que los destinatarios de las facturas soliciten autorización al resto de sus proveedores y a su vez, cualquier proveedor puede automatizar el proceso de invitación a sus clientes, de la misma forma que expliqué anteriormente.

Autenticación masiva pero segura de los usuarios

Cómo lograr que una Red Empresarial como Gosocket pueda entregar acceso masivo y eficaz a todo su potencial de usuarios, respetando al mismo tiempo todo el proceso de validación anteriormente descrito?

Este ha sido probablemente uno de los asuntos que más tiempo nos ha demandado y que mayor complejidad ha tenido en el diseño de la Red Empresarial, debido a que históricamente no han existido mecanismos que permitan automatizar en forma efectiva este proceso de autenticación. Por cierto, llevamos algún tiempo tratando de convencer a las autoridades tributarias de cada país para que habiliten servicio web que permitan validar si una persona que accede con certificado digital a Gosocket o a cualquier otra plataforma del mercado, es representante legal de una empresa o está autorizado por éste para acceder a sus informaciones privadas. Hemos advertido que cuando esto ocurra podríamos eventualmente entregar certificados digitales sin costo a los usuarios de Gosocket, pues creemos que ésta es definitivamente la mejor forma de autenticación posible para una solución como ésta y preferimos invertir en los certificados digitales, en vez de implementar costosos e ineficientes mecanismos para controlar el acceso a la Red Empresarial.

Con esta eficaz forma de autenticación que nos permitirá validar que los usuarios que acceden a Gosocket son realmente quienes dicen ser, no sólo nos convertiremos en una de las soluciones empresariales de acceso masivo más seguras del mundo, sino que además estaremos dando un fuerte impulso a la utilización masiva de certificados digitales, lo que abre un sinnúmero de nuevas oportunidades de negocio en el camino a un mundo empresarial verdaderamente digital.

Escalabilidad y disponibilidad de la red

Una red de este tipo debe estar preparada para crecer exponencialmente el número de usuarios que la utilizan y el volumen de transacciones que en ella se procesan y/o generan, manteniendo niveles de respuesta aceptables, lo que representa un desafío tecnológico enorme. Y para complejizar un poco más el desafío, como ya sabemos, los servicios básicos iniciales que ofrece Gosocket son gratuitos, así que la solución tecnológica deberá ser muy competitiva en costos también, pues está garantizado el ingreso masivo de usuarios que acceden a funcionalidades de gran valor y que inicialmente no pagan absolutamente nada por ello.

Tengo que reconocer que hace varios años, cuando comenzamos a generar las primeras ideas sobre lo que después resultaría ser Gosocket, lo que estábamos realmente visualizando era un servicio mucho más básico, el cual sólo pretendía entregarles a miles de clientes sus facturas electrónicas recibidas. Aunque esto ya presentaba desafíos tecnológicos importantes, lo cierto es que nuestra primera visión poco tenía que ver en su complejidad tecnológica con todo lo que he descrito anteriormente y consecuentemente, los requerimientos de infraestructura serían mucho menores. El producto inicial se llamaba Inbox y pretendía monetizarse sólo a través del servicio publicitario Invoice-AD, así que nada de Red Empresarial, ni de servicios financieros y mucho menos de proveer servicios de integración para permitir la conexión de soluciones de terceros. El desafío tecnológico estaba principalmente enfocado en soportar a un número mucho mayor de usuarios web, pero en realidad Inbox era una extensión de nuestra solución tradicional *Signature e-Invoicing*.

Fue entonces que en julio de 2009 viajé a New Orleans, a participar por primera vez en la Conferencia Mundial de Partners de Microsoft (WPC), como partner que somos de este importante fabricante de software, y además de recibir un importante premio a nivel de Latinoamérica por nuestros servicios de facturación electrónica, pude conocer los primeros vestigios de la estrategia de Cloud Computing de Microsoft, la cual me pareció simplemente fantástica. Siento que creí en aquello incluso mucho más que la mayoría de los propios ejecutivos de Microsoft – algunos me lo han recordado varias veces – y mi aprobación absoluta de esa visión tenía mucho que ver con nuestra historia como precursores de las soluciones de software como servicio (SaaS), idea que venía rondando en mi cabeza desde el año 2000 y que finalmente logramos poner en práctica en 2003 cuando liberamos la primera versión de nuestra solución *Signature e-Invoicing*, la cual fue utilizada como servicio por varios de los primeros grandes clientes que la contrataron. Suelo decir que aunque nuestra primera versión de *Signature e-Invoicing* ya estaba muy preparada tecnológicamente para ser usada por grandes empresas en modalidad de servicios, pienso que ni nosotros mismos éramos capaces de convencer demasiado bien a los clientes sobre sus grandes bondades en esta modalidad SaaS, cosa que fuimos aprendiendo con los años, siendo cada vez más exitosos en esto, a pesar de que la solución no necesitó evolucionar demasiado en sus conceptos más importantes respecto al software como servicio.

Cuando Microsoft decidió entonces lanzar su estrategia SaaS, la entendimos inmediatamente, la aprobamos y lo vimos como música para nuestros oídos, pues veníamos sufriendo desde hacía varios años con el desgastante proceso de implementar, mantener y escalar constantemente una solución SaaS tan crítica como *Signature e-Invoicing*. Lo cierto es que en ese momento Microsoft ofrecía más promesas que otra cosa, pues a *Windows Azure*, que es como le llamó inicialmente a su solución de Cloud Computing, en 2009 le faltaba aún mucha madurez y estabilidad como para ser considerada seriamente por proveedores responsables por soluciones de misión crítica. Sin embargo, después de varios miles de millones de dólares de inversión por parte de Microsoft y una resuelta convicción desde el comienzo – al memos de sus líderes tecnológicos – de transformarse completamente en una empresa de software como servicio, puedo asegurar que *Microsoft Azure*, que es como se llama actualmente, no sólo se ha convertido en una opción extremadamente competitiva del mercado, sino que además se ha basado en sus nuevas capacidades para proponer algunos cambios bastante revolucionarios en la industria de Software.

En aquel evento de New Orleans y ante más de once mil personas de todo el mundo, fuertemente influenciado por las nuevas visiones de Microsoft, yo tuve la mía propia y fue que muy pronto "one-man-company", como suelo llamarle a las empresas muy pequeñas que dependen casi únicamente del talento, las capacidades y la pujanza de sus fundadores, podría convertir rápidamente una brillante idea en una robusta solución de software y ofrecerla como un robusto y escalable servicio, sin tener que sufrir las calamidades que nosotros habíamos vivido. Una empresa tan pequeña como de una sola persona, podría ser extremadamente exitosa: 1) sin tener que preocuparse por las burocracias de los pesados contratos con los tradicionales proveedores de datacenters, que muchas veces terminan inviabilizando muy buenos proyectos; 2) teniendo resueltos desde el inicio sus futuros requerimientos de escalabilidad; y 3) lo más importante para empresas de este tipo... invirtiendo sólo algunas cientos de dólares mensualmente durante los primeros momentos de existencia de su solución.

En honor a la verdad, sabemos que Microsoft no fue el primero que propuso este modelo de Cloud Computing, pero al menos yo lo entendí claramente con ellos y además, rápidamente me di cuenta de que proponían ir mucho más allá de lo que el resto había llegado.

Regresé a Santiago de Chile esa vez con mucha ansiedad, quería comenzar a usar *Windows Azure* inmediatamente, aunque sólo fuese para comenzar a probarlo y entender todos los detalles posibles, así que comenzamos a explorar el asunto y a percibir durante los meses y años siguientes, los progresos que constantemente iba teniendo esta tecnología, acercándose cada vez más a sus promesas iniciales.

Y en paralelo nosotros también íbamos profundizando nuestra visión sobre el servicio de recepción masivo de facturas electrónicas, hasta que en algún momento derivamos en la idea de la Red Empresarial. No puedo asegurar 100% que *Windows Azure* haya sido determinante en la transformación de nuestra visión, pero sí puedo decir que nos permitió tener cada vez más confianza en lo que tecnológicamente podíamos lograr con escasos recursos, de hecho, yo diría que nos permitió casi que menospreciar un poco las complejidades tecnológicas y concentrarnos mucho más en el verdadero alcance funcional de la solución que teníamos entre manos. Pudimos abrir más nuestras mentes y eso fue definitivamente muy importante. Pudimos soñar!

Resistencia del mercado y de los actores establecidos

No es muy difícil descubrir que debido a que la necesidad fundamental de las pequeñas empresas – principales clientes de la Red Empresarial – es el financiamiento, Gosocket al nutrirse de las informaciones comerciales de millones de empresas, se convertirá en un gran concentrador que permitirá centralizar y canalizar sus necesidades financieras. Esto, al menos asusta a las entidades financieras establecidas y es bastante comprensible su reticencia, pues Gosocket viene a remover algunos cimientos en este ámbito tan tradicional.

Es así que hemos percibido una fuerte resistencia en los dos pilares financieros que Gosocket explota – Pagos y Factoring –, concentrándose definitivamente en ellos lo más desafiante de este proyecto.

En el ámbito de los pagos, hemos notado que las empresas que cuentan con mayor experiencia en pagos electrónicos, realmente lo que han desarrollado con mucha profundidad son las transacciones de pago entre empresas y sus consumidores finales, lo que normalmente se conoce como Business-to-Consumer o B2C. Muy pocas de estas empresas han incursionado en los pagos electrónicos entre empresas, lo que se conoce como Business-to-business o B2b, que es justamente lo que Gosocket impulsa.

Analizado superficialmente, podría parecer que quien resuelva los pagos para el B2C está muy cerca de resolverlo para el B2b, pero realmente no es así, o sino trate de convencer a un Gerente de Finanzas de una gran empresa para que implemente un canal de recaudación para sus ventas a empresas, costándole dicho servicio entre 2% y 3% de dichas ventas, que es lo que cuesta actualmente la recaudación electrónica en el ámbito B2C en los países Latinoamericanos con mayor madurez y penetración en este ámbito. La respuesta de dicho Gerente de Finanzas será un NO rotundo y la razón principal es que los valores de las transacciones de pago (ticket promedio) en el B2b suelen ser entre 10 y 50 veces más altos que en el B2C.

Los operadores líderes en el negocio de pagos electrónicos están probablemente muy interesados en continuar desarrollando el negocio B2C, tanto en su modalidad web, así como en los Puntos de Venta (POS), especialmente porque este negocio en su enfoque tradicional continúa permitiéndoles cobrar tarifas muy interesantes y además, porque aún hay mucho crecimiento y potencial por delante, pero es importante destacar también que es un negocio que se va tornando cada vez más competitivo, apareciendo inclusive nuevos jugadores que amenazan los preceptos básicos del pago electrónico, aprovechando nuevas y prometedoras tecnologías integradas a los smart-phones, entre otras.

Es entonces que les decimos a los actores tradicionales de los pagos electrónicos, que el mundo B2b es un gran "océano azul" que tiene todo tipo de necesidades no resueltas, que la facturación electrónica acentúa y que Gosocket permite canalizar eficientemente, pero que es una oportunidad cuyo óptimo aprovechamiento exige de importantes flexibilizaciones, principalmente de los modelos tradicionales de negocio.

Pero los costos tradicionales que se manejan no son el único inhibidor existente. Hay varios otros y algunos de mucho peso, por ejemplo, que los medios de pago que suelen funcionar en el mundo de las personas, como por ejemplo las tarjetas de crédito tradicionales, pueden ser bastante ineficaces en el ámbito empresarial, especialmente en las pequeñas empresas. Muchas empresas bancarizadas no cuentan con tarjetas de crédito/débito corporativas y muchas empresas pequeñas ni siquiera están bancarizadas. Además, las empresas que cuentan con tarjetas de crédito/débito, suelen entregarlas a altos ejecutivos que muchas veces no son los encargados de realizar las operaciones de pago.

Podría pensarse entonces que las empresas continuarán pagando de la forma en que lo hacen actualmente, pero lo cierto es que a pesar del gran desarrollo de Internet y de las plataformas web de los bancos, los mecanismos actuales de pago electrónico no tienen aún una gran penetración en las empresas y continúan siendo bastante limitados, así que la necesidad de evolución es definitivamente imperativa. Por ejemplo, si usted como empresa desea contratar un "botón de pago" con alguno de los Bancos tradicionales de Chile, para ofrecerle a sus clientes la posibilidad de que les paguen sus productos y/o servicios a través de Internet, tanto sus clientes como su empresa deberán tener cuenta corriente en el Banco en cuestión, lo cual es algo simplemente insólito y demuestra que ese servicio que entregan los bancos no es funcional para nadie, ni siquiera para ellos mismos, pues en la práctica pocos clientes contratan este servicio y los que lo hacen, tienen tasas muy bajas de adopción por parte de sus respectivos clientes.

Cuando investigábamos sobre las alternativas de este tipo de servicios existentes en el mercado, para integrarlas a nuestra plataforma Gosocket, supimos que existían algunas pocas empresas que habían logrado tener un "botón universal de pagos", con el cual cualquier cliente puede pagarles desde cualquier banco, así que nos entusiasmamos y comenzamos a averiguar cómo lo hacían, pues esto es exactamente lo que necesitamos implementar en Gosocket. Esto es lo que nos piden nuestros clientes. Pues, saben cómo lo hacen los clientes que cuentan con dicho servicio? No me lo van a creer... teniendo cuentas corrientes en TODOS los bancos, debido a la limitación antes descrita. Parece una broma, pero no lo es! Más bien, siendo optimistas, es una buena demostración de la gran evolución que se requerirá en el ámbito de los pagos electrónicos B2b.

En lo que respecta al Factoring, que es a todas luces el servicio financiero más prometedor de la Red Empresarial, los miedos de las entidades financieras especializadas en este tipo de negocio también son bastante notorios. Todos se preguntan:

Qué va a pasar si las empresas que hoy reciben rígidas ofertas para descontar sus facturas de parte de su proveedor tradicional de Factoring, mañana, apoyados en la facturación electrónica y en Gosocket, comienzan a recibir instantáneamente competitivas ofertas de diversos proveedores de Factoring?

Bueno, la respuesta es muy simple y evidente. Dichas ofertas serán definitivamente más competitivas y oportunas, lo que inevitablemente cambiará el negocio de Factoring que hoy conocemos, pues las pequeñas empresas estarán más empoderadas, tomarán cada vez decisiones financieras más independientes y adicionalmente, disminuirán los costos del financiamiento empresarial. Sabemos que esto suena un poco apocalíptico para muchos actores de la industria Financiera, quienes tienden a creer que sus márgenes de negocio disminuirán considerablemente, pero en realidad lo que ocurrirá es que crecerá exponencialmente el volumen de transacciones, lo que finalmente será muy positivo para todos.

Hemos debido enfrentar todas estas situaciones en la etapa inicial de la Red Empresarial, las cuales han generado una gran resistencia de los actores financieros y consecuentemente, han restringido y dilatado la generación de ingresos económicos, ya que Gosocket depende de ellos para realizar su plan de negocios.

Pilares comerciales de la Red Empresarial

Como dije anteriormente, Gosocket ofrece gratuitamente varios servicios de gran valor para las empresas, pero eso no significa que sea una solución sin fines de lucro. Todo lo contrario... Gosocket es un gran motor de importantes negocios, que surgen a partir de sus principales fuentes de ingreso, las cuales describo más detalladamente en este capítulo.

Y debido a que casi todas las fuentes de ingresos de la Red Empresarial son indirectas, lo que le da un toque bastante especial a este proyecto, una de las actividades más importantes que sus fundadores tuvimos que realizar durante la etapa inicial fue diseñar con gran nivel de detalle su modelo de negocios y establecer meticulosamente todas las variables e indicadores para cada uno de estos pilares. Esto no ha sido nada fácil, pues al poco andar nos dimos cuenta de que todas las fuentes de ingresos de Gosocket estaban sustentadas sobre modelos de negocio casi completamente nuevos y eso genera un doble compromiso ante el equipo interno de trabajo, los clientes, los aliados y los inversionistas. Prácticamente no existen antecedentes mundiales para ninguna de las líneas de negocio de la Red Empresarial, lo que ha dificultado bastante su proceso de sustentación económica y consecuentemente, su financiamiento.

Una decisión importante fue hacernos asesorar por especialistas de negocio e inversión, con lo cual nos hicimos de una contraparte muy útil para contrastar nuestras proyecciones y expectativas.

Afortunadamente, bien explicados sus fundamentos, para lo cual se necesita algo de tiempo y mucha paciencia, sobre todo de quienes no son especialistas en facturación electrónica, Gosocket genera una suerte de sensación de obviedad y entonces, quienes han podido evaluar seriamente este proyecto, han salido con una muy buena impresión desde sus primeros contactos con la idea.

Gosocket e-Payments – Pago electrónico de las facturas.

Gosocket e-Payments es el nombre que le hemos dado al servicio de e-Payments y ha sido especialmente complicado de desarrollar, lo cual parece difícil de creer a primera vista, pues si las facturas son electrónicas y adicionalmente existe una solución como Gosocket que permite que estos documentos sean entregados gratuitamente a todos sus destinatarios, se ve muy sencilla la idea de que las facturas puedan comenzar a pagarse a través de esta misma solución, principalmente porque los destinatarios de estos documentos logran recibirlos en forma consolidada en un único lugar. Y efectivamente eso es lo que Gosocket e-Payments propone, sin embargo desde el inicio nos encontramos con un "pequeño problemita" y es que estamos hablando de facturas emitidas por empresas y van dirigidas también a otras empresas (B2b) y el pago electrónico de este tipo de documentos es algo en lo que casi nadie había incursionado, exceptuando a los Bancos, quienes obviamente han creado una serie de mecanismos para viabilizar la realización de todo tipo de pagos y transferencias de dineros, a través de sus plataformas de Internet. El problema es que dichas plataformas bancarias normalmente no logran integrarse a los sistemas de los clientes, ni siquiera los más sofisticados y mucho menos a los más pequeños y desprovistos de tecnologías de información. Gosocket provee exactamente lo que tanto trabajo ha costado, el acceso a la información de Cuentas por Cobrar y Cuentas a Pagar de miles y miles de empresas de todos los tipos y tamaños.

O sea, propusimos una idea bastante lógica y trivial, pero casi nadie estaba preparado y quienes lo estaban medianamente, como comentamos en el capítulo anterior, se resistieron con mucha fuerza. Sin embargo, nosotros sabíamos que Gosocket e-Payments era algo que casi todos los clientes deseaban implementar, así que desde el inicio nos concentramos en "mover esta montaña", aprovechando cada ápice de oportunidad existente.

Gosocket e-Payments es entonces la solución para que no sólo las empresas más grandes y sofisticadas que son las que normalmente reciben la principal atención de los Bancos en este tipo de productos, sino que cualquier otra empresa pueda adoptar fácil y rápidamente una efectiva solución de Recaudación de sus Cuentas por Cobrar, basada en el pago electrónico de sus facturas electrónicas. Obviamente, quienes primero manifestaron su interés fueron las grandes empresas y por cierto, notamos que inclusive estaban dispuestas a implementar algunas soluciones que se veían bastante inviables y poco sustentables, pero lo interesante del servicio Gosocket e-Payments es la posibilidad de que las empresas pequeñas también puedan optar por éste.

Cómo logra Gosocket que esto sea posible?

Bueno, resulta que una solución de este tipo tiene al menos dos grandes inhibidores para su adopción por las pequeñas empresas, el primero es la necesidad de integración y el segundo es lo poco atractivo que son económicamente estas empresas, tratadas individualmente, para los proveedores tradicionales de este tipo de servicios, por no contar con una masa crítica de transacciones.

Me explico. Para que una empresa pueda implementar una solución de recaudación electrónica, necesita integrar la plataforma desde la cual sus clientes realizarán los pagos de sus facturas, a alguna de las plataformas de pago electrónico existentes, lo que requiere de gran especialización e involucra una serie de estrictas medidas de seguridad. La mayoría de las empresas ni tiene las capacidades técnico-tecnológicas para realizar lo anterior, ni puede asumir los costos de este proyecto. La principal misión de Gosocket es entregar servicios de relacionamiento a miles de empresas de cualquier tamaño y rubro, lo que le otorga la posibilidad de absorber las complejidades de dicha integración tecnológica. Gosocket invierte en implementar una única integración con cada plataforma de pagos asociada, después de lo cual dichas integraciones quedan disponibles para todas las empresas que operen en Gosocket.

El segundo inhibidor de este servicio para las empresas pequeñas es que las plataformas de pago electrónico ni siquiera contemplan a estos clientes como probables recaudadores en sus planes comerciales, ya que cada una de estas empresas tienen individualmente un potencial de negocios de recaudación muy bajo y no ha existido un modelo comercial que viabilice su enrolamiento en este tipo de servicios. Una empresa pequeña emite muy pocas facturas, de las cuales sólo una pequeña porción se pagaría electrónicamente, o sea, un número demasiado pequeño que ni siquiera justifica intentar venderle el servicio, a pesar de que dicha empresa sí estaría dispuesta a contratarlo. Quién no?

Bueno, Gosocket lo que hace entonces es juntar toda esas pequeñas demandas de cientos de miles de pequeñas empresas en una gran demanda, aprovechando lo que ya explicábamos anteriormente, o sea, no requiriéndose de implementación, sino que sólo se necesita activar a las empresas en el servicio. Dicho de otra forma, para que una pequeña empresa pueda contratar un servicio de recaudación electrónica asociado a la Red Empresarial, sólo necesita comenzar a facturar electrónicamente, registrarse en Gosocket y firmar un acuerdo con alguno de estos proveedores de recaudación integrados a la Red.

Pero... y quién entonces les vende el servicio individualmente? Aquí viene la magia. En Gosocket todas las facturas recibidas tienen asociado un botón "Pagar" y si cuando un cliente decide hacer click en dicho botón, el emisor de la correspondiente factura (Proveedor) no se encuentra registrado en ningún servicio de recaudación, entonces Gosocket se lo informa a quien está intentando pagar y le permite enviar un email automático al contacto de su Proveedor, indicándole que existe la posibilidad de contratar este servicio, haciéndole ver que están intentando pagarle sus facturas por esta vía. O sea, prácticamente no se necesitan vendedores para este servicio, sino que el relacionamiento empresarial que Gosocket promueve es el que se lleva la mayor responsabilidad en la divulgación de los servicios existentes, especialmente los que se enfocan en resolver las necesidades de las empresas más pequeñas y numerosas.

Derivado de este servicio de pagos y recaudación, hemos diseñado un producto complementario muy interesante que consiste en una tarjeta de Crédito/Débito, que se entrega a las empresas para que realicen sus pagos en Gosocket. Este producto es especialmente útil porque, como ya hemos explicado, la mayoría de las soluciones de pago y recaudación existentes actualmente no han sido diseñadas para resolver operativamente la problemática de pagos B2b. Este servicio está inspirado exactamente en esta dificultad y viene a resolver la integración entre las entidades de pago y el relacionamiento masivo de negocios en un entorno empresarial. Adicionalmente, esta tarjeta facilita el financiamiento de las compras de las pequeñas empresas, para lo cual normalmente no existen soluciones, a pesar de que este es un mercado bastante apetecido por los bancos. El servicio minimiza el riesgo que tiene el financiamiento de este tipo de operaciones, ya que opera en un entorno completamente controlado a través de Gosocket, en el cual sólo es posible realizar pagos de facturas efectivamente emitidas y debidamente validadas, por lo cual es posible establecer límites del Crédito a partir de las operaciones comerciales de los clientes en la Red Empresarial.

En exploraciones de negocio realizadas en conjunto con un operador de Tarjetas de Crédito y algunos Bancos emisores de dichas tarjetas, hemos comprobado lo atractivo que es Gosocket en el sentido de su capacidad de entregarles a estas entidades información muy confiable sobre las compras realizadas por las pequeñas empresas, obviamente con la debida autorización de éstas, para analizarlas crediticiamente, bancarizarlas y otorgarles diferentes medios de pago. En otras palabras, Gosocket tiene la capacidad de almacenar literalmente toda la información de compras de los pequeños negocios, en forma de facturas electrónicas, facilitando así el acceso a capital de trabajo para el financiamiento de sus compras. Los pequeños negocios pueden solicitar ser evaluados crediticiamente a través de esta información, autorizando por cierto a los Bancos a su uso, implementándose un mecanismo mucho más efectivo y eficaz para la bancarización de las PYME, si se le compara con los mecanismos utilizados por los Bancos tradicionalmente. Bancarizando a los pequeños negocios se logra consecuentemente preparar éstos para que utilicen Gosocket e-Payments, generando grandes beneficios para los procesos de recaudación de las grandes empresas que son sus principales proveedores, la mayoría de los cuales, antes del surgimiento de la Red Empresarial, recaudada principalmente aceptando dinero en efectivo y cheques a fecha (post-fechados) de parte de sus clientes más pequeños, con las grandes dificultades, riesgos y costos que ello genera. El servicio de conciliación de pagos de Gosocket permite que las empresas que contratan e-Payments puedan cotejar fácilmente los pagos recibidos a través de la plataforma, lo que genera importantes beneficios para los procesos financieros.

Gosocket e-Factoring – Servicio de anticipo de Cuentas por Cobrar.

Ya en mi anterior libro alertaba sobre las tremendas bondades que tenía el financiamiento basado en el anticipo de las Cuentas por Cobrar respaldadas por facturas electrónicas, conocido como Factoring Electrónico (e-Factoring). Con el pasar de los años los modelos de facturación electrónica se han ido masificando en el mundo, especialmente en Latinoamérica y con ello las entidades financieras han ido preparándose gradualmente para lidiar con esta tecnología, aunque lo cierto es que aún no se aprovechan a plenitud sus principales beneficios. Como explicamos antes, las entidades financieras se han resistido bastante a esta moderna forma de operar debido a las posibles implicaciones que podría tener para el negocio financiero y por ello hemos sido muy cuidadosos cuando les presentamos las potencialidades que tiene el Factoring Electrónico como línea de negocio principal dentro de Gosocket.

Cuando una empresa comienza a utilizar Gosocket simplemente porque la Red le ofrece la posibilidad de recibir sus facturas electrónicas de proveedores en forma centralizada, una de las primeras invitaciones que recibe es a comenzar también a emitir facturas electrónicamente – en caso de que su modelo de negocios se lo permita – y con ello, podrá comenzar a recibir casi inmediatamente ofertas de anticipo de sus Cuentas por Cobrar, de parte de las entidades financieras asociadas a la Red Empresarial. Y lo interesante es que ni siquiera dichas entidades necesitan tener acceso a la información de sus potenciales clientes, inquietud muy recurrente entre los que analizan esta iniciativa de negocios, sino que es Gosocket quien hace llegar las opciones de financiamiento a las empresas emisoras de facturas electrónicas, a partir de ofertas previamente configuradas por parte de las entidades financieras asociadas. Éstas últimas tienen la posibilidad de configurar sus tasas de interés, comisiones y condiciones comerciales que están dispuestas a ofrecer por el anticipo de facturas electrónicas que cumplan con ciertas características, tales como: rangos de valor, plazos de vencimiento del pago, y lo más importante en el negocio del Factoring, un determinado grupo de destinatarios de las facturas (Deudores), que se encuentren previamente calificados como "deudores AAA financieramente" por parte de las entidades financieras. En otras palabras, todas las facturas electrónicas que cumplan con determinadas condiciones, configurables en forma independiente por cada entidad financiera en función de los riesgos que desea asumir, recibirán ofertas inmediatas las cuales podrán evaluar, aceptándolas o no según sus necesidades de financiamiento en cada situación específica.

Este servicio cambia indudablemente las reglas del juego tradicionales en el mundo financiero empresarial y esto es algo que nos motiva mucho y a lo cual le hemos dedicado muchísimas horas de investigación y esfuerzo durante los últimos años, ya que el cambio que propone es especialmente favorable para las empresas más pequeñas, provocando lo que llamé en mi libro anterior como la "ruptura de la asimetría empresarial". O sea, la facturación electrónica y todos los beneficios que ésta genera, principalmente en todo lo relacionado con el financiamiento de las pequeñas empresas, hace que éstas puedan adquirir una competitividad similar a la de las empresas más grandes y sofisticadas, planificando mejor sus negocios y pudiendo llegar inclusive a la posibilidad de elegir con cuáles clientes y/o proveedores trabajar – como lo hacen las grandes empresas –, debido a que se vuelven capaces de financiarse en forma eficiente, oportuna y sustentable. Esto era algo impensado hasta hace sólo algunos años.

Para entender el impacto que esto genera en el mercado financiero tradicional, aquí les cuento una anécdota muy interesante de una discusión que tuve con una importante entidad financiera, mientras le presentaba la posibilidad de integrarse al servicio Gosocket e-Factoring. Resulta que esta entidad dice tener un fuerte enfoque en las pequeñas empresas – sinceramente opino que sí lo tiene –, contando con importantes programas de desarrollo e inversiones para el apoyo a este sector. Ya me habían contado al inicio de la reunión lo bien que lo habían hecho ese año, cumpliendo anticipadamente sus metas de penetración de sus productos financieros en las pequeñas empresas, sin embargo, cuando estaba presentándoles los beneficios de asociarse, pues teníamos muchas ganas de poder contar con ellos como aliados en Gosocket, me preguntaron por qué debían aliarse a nosotros si ellos ya tenían muy bien montado su negocio de e-Factoring. Me explicaron que cuando una empresa pequeña que ya factura a electrónicamente les solicitaba el servicio de Factoring, ellos analizaban las facturas en cuestión, validaban que los respectivos deudores estuviesen debidamente calificados y en los casos en los que se cumplían sus condiciones, entonces procedían a ejecutar la operación de anticipo de los créditos. Debo reconocer que la situación se puso un poco tensa, pues ellos estaban minimizando atropelladamente el valor de nuestra solución, en una suerte de simplificación exagerada de la problemática, lo que me obligó a ir mucho más lejos de lo que inicialmente había planificado. Les pregunté entonces cuál problemática creían ellos que estaban resolviendo con ese proceso que acababan de describirme. Creo que no esperaban esa pregunta y demoraron varios segundos en responder, lo que tensionó mucho el ambiente, pues era nada más y nada menos que una empresa relativamente pequeña, increpando a una entidad financiera de las más importantes del país. Antes de que respondieran, lo hice yo. Les dije que lo que me acababan de describir era una solución a la problemática de ellos mismos como entidad financiera, pero que definitivamente no era la solución a las necesidades de la mayoría de las pequeñas empresas. Argumenté que así como las pequeñas empresas tienen algunas facturas cuyos destinatarios o deudores son importantes y consecuentemente, están pre-calificados como AAA por parte de las entidades financieras, lo cual facilita el e-Factoring de las respectivas facturas, estas empresas hacen sin embargo negocios con muchos otros clientes de más baja calificación crediticia, por lo que las correspondientes facturas no se las anticipaba casi ningún servicio bancario existente. Sin embargo, les expliqué que esa pequeña empresa estaba interesada en anticipar las Cuentas por Cobrar de todas sus facturas – algo que ya sabían -, o al menos las que les permitieran cumplir con los compromisos financieros que inexorablemente debía afrontar y que en la práctica éstas eran muchas más facturas que las que esta entidad financiera podía anticiparles. Entonces, la siguiente pregunta de ellos fue que cómo pensábamos nosotros solucionarlo, así que tuve que explicar lo que siempre trato de evitar en estas situaciones, debido al temor que genera. Pero la suerte ya estaba echada, así que les dije que en Gosocket habría otras entidades de e-Factoring que definitivamente estarían interesadas en tomar el riesgo que ellos no estaban interesados en asumir, obviamente con condiciones financieras diferenciadas y acordes con dicho nivel de riesgo, configuradas a través de las ofertas de e-Factoring que nuestra plataforma era capaz de ofrecer. Esa reunión salió bien, pero tuve que llegar hasta un límite poco deseado, aunque también me esmeré bastante en tranquilizarlos y explicarles que dada la gran necesidad de este tipo de financiamiento en el mercado, nuestra predicción era que las condiciones comerciales de este negocio no cambiarían significativamente en el futuro y que cuando esto ocurriese, el gran volumen de operaciones de Factoring Electrónico compensaría cualquier eventual disminución de la rentabilidad a nivel unitario.

En todo caso, en la etapa inicial del e-Factoring las carencias son tan fuertes, que la apuesta inicial es simplemente mejorar significativamente el proceso de Cesión de Créditos entre las miles de empresas que comienzan a utilizar la solución y sus respectivas entidades financieras, más que hacerlas competir entre ellas. Esto se debe a que ambas partes (cliente y entidad financiera) obtienen tal cantidad de beneficios al contar con toda la información on-line y en forma segura, que se dan por pagadas sólo con la eficiencia operativa que se genera. Recordemos que una operación de Factoring debe hacerse cuando lo requiere la empresa que necesita anticipar sus Cuentas por Cobrar y no precisamente cuando la entidad financiera puede o quiere. La criticidad en este tipo de situaciones es de tal magnitud, que prácticamente la entidad financiera que mejor preparada esté tecnológicamente y consecuentemente, la que más ágilmente sea capaz de operar, es la que se lleva la operación de financiamiento y no precisamente la más competitiva económicamente.

Resumiendo entonces, a través de los servicios de e-Factoring de Gosocket las empresas reciben ofertas de financiamiento con tres características que no suelen manifestarse en el Factoring tradicional: 1) son opciones diversas; 2) extremadamente competitivas; y 3) automáticas y oportunas. Todo esto coloca a las pequeñas empresas en una situación de competitividad inmejorable y estimula a la adopción de la facturación electrónica y también de Gosocket, por parte de este importante segmento empresarial.

El financiamiento oportuno de las PYME sin necesidad de endeudarse, sino que anticipando sus propias cuentas por cobrar, viene a resolver las necesidades de flujo de caja de éstas, lo que en mi opinión es el aspecto fundamental no resuelto por ningún otro mecanismo de financiamiento y que definitivamente es la causa más importante por la cual quiebran y desaparecen este tipo de empresas. Esto, combinado con la adopción de tecnologías de información extremadamente simples e intuitivas que les ayudan a gestionar sus flujos financieros, alarga la vida de las PYME y eventualmente les permiten no tener que enfrentar las terribles vicisitudes financieras que comúnmente deben encarar, debido a los atrasos en los pagos de sus principales clientes y a la falta de herramientas para controlar su gestión empresarial.

Invoice-AD – Servicio publicitario B2b.

Invoice-AD es un mecanismo que permite hacer llegar mensajes publicitarios a usuarios empresariales totalmente identificados y cuyas funciones son conocidas por Gosocket, mientras realizan sus operaciones administrativas de Compras y Ventas, lo que también permite establecer un patrón sobre las necesidades de sus respectivas empresas, ya que todo esto se produce en un ambiente de negocios empresariales (B2b).

La primera vez que mostramos Invoice-AD a un grupo de especialistas en materia publicitaria digital, fue en una reunión anual de una asociación de empresas de Medios – principalmente diarios y revistas – y la retroalimentación que obtuvimos fue contundente. Nos dijeron que no existía ningún mecanismo publicitario con tanta potencia como éste, enfocado en el entorno empresarial B2b, ni siquiera alguno que se le acercase, pues lo más efectivo que había en este sentido eran las revistas especializadas por industrias, pero que éstas normalmente tienen ediciones muy limitadas y no es posible obtener una referencia muy certera sobre el consumo de este tipo de publicaciones. En ese momento nos entusiasmamos mucho con Invoice-AD, especialmente porque era la única línea de negocios que habíamos logrado identificar, de hecho Gosocket aún no existía como concepto. Sólo sabíamos que: 1) podíamos llegar a cientos de miles de empresas a partir de las facturas electrónicas producidas por nuestros clientes, 2) el servicio de entrega de estos documentos a sus destinatarios debía ser gratuito y 3) Invoice-AD nos permitiría obtener ingresos que viabilizarían dicho servicio, al cual le llamamos Inbox.

Esta primera línea de negocios fue verdaderamente importante para Gosocket, pues nos había permitido encontrar al menos una fuente de potenciales ingresos que por sí sola parecía ser suficiente para financiar un servicio de gran valor para las pequeñas empresas, después de lo cual fue mucho más fácil extender el alcance total del concepto y sus diferentes ramificaciones, llegando a lo que es hoy Gosocket.

Invoice-AD permite configurar mensajes publicitarios que aparecen durante la consulta de los documentos electrónicos en Gosocket y este servicio es principalmente ofrecido a los clientes a través de Agencias Publicitarias, las cuales tienen gran experiencia ofreciendo este tipo de soluciones en el mercado. Se utiliza una forma de cobro tradicionalmente usada por los servicios de Marketing Digital y que consiste en un costo por cada mil impresiones publicitarias generadas a través de Gosocket, las cuales son medidas por la propia solución.

Otra fortaleza de Invoice-AD se debe a que gracias a la gran cantidad de información almacenada en Gosocket es posible segmentar las campañas publicitarias según los criterios de los clientes en forma mucho más potente y con mayor efectividad que la que pueda ofrecer otro canal publicitario.

La diferencia fundamental con otros servicios publicitarios radica en el dinamismo de los datos y que toda la información se encuentra consolidada e unificada en un único repositorio.

Entre las características de Invoice-AD podemos mencionar:

- Gran nivel de precisión, geotargeting (país, ciudad);
- Medición avanzada de performance de campaña;
- Análisis de comportamiento;
- Información analítica de toda la campaña promocional;
- Segmentación de la campaña por:
    - Contexto de la factura (minería, moda, alimentos, etc.);
    - Rango de valor de la factura;
    - Palabras claves en la descripción de los productos en la glosa de la factura;
    - Plataforma (móvil, fija);
    - Relación Compra/Venta, es decir, poder ofrecer al comprador productos/servicios complementarios a los de su proveedor.

Gadgets – Soluciones de negocio desarrolladas por terceros.

Los Gadgets son aplicaciones diseñadas para resolver las múltiples necesidades de negocio que surgen a partir de la información almacenada en Gosocket. El hecho de existir en Gosocket información de negocios de las empresas, mucho antes de que éstas se registren en la Red, nos permite enfocarnos justamente en la información y en quienes acceden a ella, aspecto que consideramos de gran importancia para la Red Empresarial. Obviamente las aplicaciones para acceder a dicha información e interactuar funcionalmente con ella, son también importantes y es por eso que hemos abierto el modelo de desarrollo de estas aplicaciones, para que pueda ser utilizado por terceros a través de una API de desarrollo. En otras palabras, cualquier desarrollador de software, cumpliendo los requisitos de seguridad, entre otros, establecidos por Gosocket, puede desarrollar aplicaciones (Gadgets), integrarlas fácilmente a la información de negocios de las empresas y ofrecerlas a una gran cantidad de éstas a través del Marketplace de soluciones de Gosocket.

Hemos usado el término "Gadgets" porque estamos tratando de impulsar un concepto en el cual creemos mucho y es el de ofrecer aplicaciones muy simples e intuitivas a las pequeñas empresas, las cuales permitan resolver procesos independientes, en vez de soluciones empresariales más completas que integren todos los procesos del negocio, como muchos proveedores de software tratan de ofrecer. En otras palabras, no creemos que los ERP sean muy viables para las empresas pequeñas, y la razón principal es que los ERP requieren de Consultores especializados para su implementación efectiva, así como de profundos conocimientos administrativos de parte de las propias empresas, y como sabemos, ni existen suficientes Consultores especializados, siendo muy alto el costo de contratarlos, ni la mayoría de las empresas logran profundizar suficientemente en los conocimientos que se requieren para manejar un ERP medianamente bien. En mis más de 20 años de experiencia profesional en Tecnologías de Información, he percibido que incluso a las empresas más grandes y sofisticadas les es muy difícil implementar y mantener sus soluciones de gestión empresarial, a pesar de contar con los recursos económicos para invertir en esto.

De tal forma, la propuesta de Gosocket son los Gadgets, cuya simplicidad no sólo se debe a que están enfocados en resolver procesos de negocio independientes, sino que también estas soluciones cuentan con la gran ventaja de conectarse automáticamente a informaciones de negocio ya existente en Gosocket, por lo que su utilización por parte de los usuarios es mucho más natural e intuitiva. Y es justamente la información el necesario punto de encuentro entre todas estas aplicaciones tan simples y aparentemente aisladas, o sea, los Gadgets a pesar de ser soluciones a problemáticas de negocio independientes, en realidad están integrados entre sí a través de la información de negocios, que es precisamente desde donde se originan estas soluciones.

En una ocasión uno de los Partners que pretendía desarrollar un Gadget para simplificar la Contabilidad de las empresas, haciendo un análisis de fortalezas y debilidades de su emprendimiento, me preguntaba que cómo iba a lograr competir con soluciones de Contabilidad ya establecidas en el mercado desde hacía décadas y con miles de clientes. Mi respuesta fue que aunque este pequeño emprendedor recién estuviera comenzando el desarrollo de su solución, nadie había desarrollado nunca una tan buena como la suya. La explicación a esto era muy simple... nadie contaba con una solución de Contabilidad que se integrase automáticamente a la información de Compras y Ventas de sus clientes, ni que tuviese tantos potenciales clientes completamente validados, ingresando a consultar esta información todos los días, como los tiene Gosocket. Le dije que las aplicaciones ya habían dejado de ser el objetivo central de las tecnologías de información y que ahora lo más importante es la información misma y quienes acceden a ella, como lo han demostrado ya las redes sociales.

Uno de los objetivos que consecuentemente se logra con este modelo es que los Gadgets proveen la tan importante "localización" que necesitan las soluciones empresariales, o sea, las funcionalidades que permiten a las empresas cumplir localmente con los requerimientos contables, tributarios y legales de cada país, al mismo tiempo que resuelven sus problemáticas de negocio. Esto es trascendental, pues Gosocket es una solución global única, cuya arquitectura y diseño logran resolver las necesidades de relacionamiento de empresas de cualquier país, respetando obviamente el formato local de los diferentes tipos de documentos tributarios electrónicos, pero sus funcionalidades básicas no están diseñadas para resolver los requerimientos específicos de cada país, cuya resolución es provista justamente por los Gadgets.

La idea entonces es consolidar fuertes ecosistemas de Partners desarrolladores de soluciones y prestadores de servicios, los cuales apuesten por Gosocket con el objetivo de extender el alcances de los negocios, ya sea integrando a la Red sus soluciones tradicionales o nuevas aplicaciones que les permitan aprovechar más eficientemente las oportunidades de la Red Empresarial, para lo cual estos Partners reciben constantemente apoyo de parte de los equipos técnicos y de negocio de Gosocket.

Los desarrolladores de Gadgets cuentan con acceso a una serie de recursos técnicos, a través de un sitio web diseñado específicamente para apoyarlos y facilitar el proceso de desarrollo de sus soluciones. En este portal los Partners pueden acceder a soporte técnico, documentación, códigos de Gadgets de ejemplo, entre otros recursos de gran valor para poder avanzar rápidamente con sus desarrollos.

Adicionalmente, se proveen una serie de recomendaciones de negocio, enfocadas a facilitar el entendimiento por parte de los Partners, acerca de los principales y más exitosos modelos de negocio que ya se encuentran implementados por otros Gadgets, lo cual es muy útil pues este modelo de Gadgets es extremadamente amplio y abierto, dando cabida a una gran cantidad de modelos de negocio diferentes y novedosos.

Por ejemplo, es recomendable que los Gadgets tengan una versión gratuita (entry-level), utilizando alguna de las siguientes opciones para limitar dicha gratuidad:

- **Tiempo de uso limitado:** Solución disponible gratuitamente sólo durante un período determinado, por ejemplo, 15 días, para que los clientes puedan probarla antes de contratarla.
- **Funcionalidades limitadas:** Versión gratuita limitada de la solución y cuando los clientes quieran utilizar otras funcionalidades más sofisticadas, entonces deberán contratar otros módulos o versiones avanzadas.
- **Variables de uso limitadas:** Versión full de la solución, pero limitada por alguna variable operativa que permita controlar su

uso gratuito y captar clientes pagados cuando se requiera aumentar estas variables, por ejemplo: cantidad de usuarios, volumen de transacciones, etc.

- **Distribución de servicios básicos de Gosocket:** Solución gratuita pero que promueve el uso de los servicios básicos de Gosocket y que se monetiza a través de éstos, tales como: Gosocket e-Factoring, Gosocket e-Payments, etc.

- **Posicionamiento de Marca:** Solución gratuita que tiene como objetivo posicionar la Marca del desarrollador, el cual cuenta con otras soluciones que sí son pagadas.

También se entregan recomendaciones sobre los esquemas de precios que mejor funcionan, las modalidades de cobro más eficaces, entre otros aspectos de negocio vitales para ser exitosos en la comercialización de estas aplicaciones.

Este modelo de Gadgets cuenta con un Marketplace de soluciones, a través del cual las empresas pueden encontrar las diferentes aplicaciones existentes, evaluarlas, activarlas y contratarlas. Adicionalmente, Gosocket cuenta con un servicio de facturación (billing), el cual está a disposición de los Partners para que configuren las condiciones comerciales y de facturación de sus aplicaciones, de manera que la venta de éstas a los clientes sea un proceso simple y automático. Los Gadgets que tienen costo son facturados a los clientes por Gosocket, de acuerdo a la periodicidad de facturación establecida por los Partners, quien a su vez le factura a Gosocket en función de las condiciones de revenue-share establecidas entre ambas partes para cada Gadget.

Modelo de distribución de Gosocket (Dealers).

Uno de los aspectos más importantes de Gosocket es que ha sido creado por personas con gran experiencia desarrollando soluciones de facturación electrónica y que entiende perfectamente la importancia de la existencia de ese tipo de servicios, para que las empresas puedan conectarse a la Red Empresarial. De tal forma, cuando diseñamos el modelo de negocios de Gosocket, decidimos que no sólo se nutriese de facturas electrónicas emitidas por nuestras propias soluciones (*Signature e-Invoicing*), sino que también por soluciones de terceros, inclusive aunque éstos fuesen competidores de nuestras soluciones de facturación electrónica.

Fue así que creamos el modelo de Dealers, invitando a integrarse a cualquier proveedor de soluciones de facturación electrónica, a través de un esquema de incentivos que les permita obtener beneficios económicos por cualquier factura electrónica u otro tipo de documento que genere eventualmente una transacción de cualquiera de los servicios explicados anteriormente. Este esquema también aplica para Partners que en realidad lo que hacen es integrar a Gosocket a clientes que ya facturen electrónicamente, independientemente de la solución que utilicen.

Los Dealers, cuando son proveedores de facturación electrónica, además de recibir una compensación por conectar a sus clientes a Gosocket, tienen en la Red Empresarial una potente herramienta que les permite al menos fidelizar a sus propios clientes, pues cuando les explican que pueden asociarse gratuitamente a una Red con la cual podrán hacer llegar sus facturas electrónicas a sus respectivos clientes y podrán recibir centralizadamente las facturas de sus proveedores, lo primero que los clientes de los Dealers preguntan es: dónde firmo? Si sumamos a lo anterior que el cliente podrá realizar operaciones de e-Factoring también gratuitamente, que además podrá contratar eficaces servicios de recaudación para sus facturas emitidas y que tendrán acceso a aplicaciones – varias de ellas inclusive gratuitas – que se integran a la información de negocios y les permiten resolver las más diversas problemáticas empresariales imaginables, entonces simplemente lo que ocurre es que se tendrá a un cliente muy contento que expresará su agradecimiento con eterna fidelidad.

Adicionalmente, los Dealers pueden promover acuerdos con entidades financieras y de pagos electrónicos, con lo cual podrán recibir incentivos por cualquier factura o documento que se convierta a una transacción financiera en dicho servicio asociado a Gosocket, independientemente de quién haya integrado al cliente.

Este modelo de distribución es muy importante, ya que la estructura organizacional de Gosocket considera operaciones bastante pequeñas y simples en los diferentes territorios, las cuales sólo tienen como objetivo apoyar en las gestiones de negocio y de Marketing locales. Entonces, el mayor despliegue operativo lo realizan los Dealers de cada territorio, integrando a los grandes clientes y cautivando a los diferentes actores financieros, publicitarios, etc.

Gosocket y el mundo móvil

Lo que viene ocurriendo con los dispositivos móviles es realmente impresionante. Las personas adoptan aceleradamente los teléfonos inteligentes y los tablets, altos ejecutivos de empresas obligan a sus gerentes de TI a flexibilizar los sistemas de seguridad para poder conectar sus súper-dispositivos al email y a la red corporativa, y éstos, no tienen otra alternativa que implementar infraestructura tecnológica adicional para poder atender toda esta ola de dispositivos de todo tipo y que constantemente se están actualizando con nuevas tecnologías impensadas hasta hace sólo algunos años.

Obviamente, buena parte de todo lo que está ocurriendo tiene que ver con el desarrollo de las redes sociales, que han logrado captar a millones de usuarios en todo el mundo y cuyas funcionalidades de relacionamiento exigen constantemente a los fabricantes de hardware y a las empresas de telecomunicaciones, a ser cada vez más competitivos en sus soluciones hacia el mercado. Cámaras de alta resolución, potentes micro-procesadores, pantallas con avanzadas tecnologías touch-screen, redes inalámbricas de alta velocidad, sofisticados sistemas de mapas y GPS, reconocimiento de voz, eficientes servicios de compresión de datos, son sólo algunas de las soluciones tecnológicas más relevantes en estos dispositivos, y que están diseñadas para que los usuarios logren interactuar cada vez más en tiempo real, para que hagan mejores fotos y vídeos, publicándolos instantáneamente y accedan a todo tipo servicios en casi cualquier ciudad del mundo en que se encuentren.

Y el software no se queda atrás, pues todas estas tecnologías van armónicamente de la mano de impresionantes soluciones de software, diseñadas por grandes ecosistemas de desarrolladores, para cautivar en forma inmediata a cualquier usuario. Casi podríamos decir que existe un software para cualquier cosa que uno quiera hacer y esto es algo que han sabido explotar extraordinariamente bien algunos actores tecnológicos bien conocidos, creando redes de auténticos fanáticos a sus soluciones. Millones de fieles clientes que están a la espera del próximo anuncio tecnológico de estas importantes marcas, listos para adquirir cualquiera de sus novedades. Usuarios literalmente enamorados de sus dispositivos.

Este frenesí de evolución tecnológica se ha instaurado hace ya algún tiempo, sin embargo, se ve muy poco desarrollo aún en el ámbito de las soluciones móviles verdaderamente orientadas al negocio de las empresas. Y es justamente en esto que hemos detectado una gran oportunidad a través de la Red Empresarial, pues aunque actualmente es posible encontrar algunas soluciones de software enfocadas a resolver alguna que otra problemática de negocio, o versiones móviles de algunos conocidos sistemas empresariales, lo cierto es que no existen soluciones móviles empresariales capaces ni siquiera de acercarse a los niveles de adopción que tienen las aplicaciones para las personas. Tampoco se ven estrategias claras de parte de los fabricantes de hardware y de los proveedores de telecomunicaciones, para salir a abordar este mercado de infinitas posibilidades en mi opinión. Pero lo interesante es que las problemáticas de negocio de las empresas están ahí y se acentúan cada día más.

Por ejemplo, por todos es sabido que hace algunos años un importante actor de la industria de tecnologías de información revolucionó las telecomunicaciones – entre otras industrias – con sus fabulosos teléfonos inteligentes. Al poco andar, irrumpieron también en el mercado sus competidores y desde entonces se ha desatado una encarnizada batalla por apoderarse de la mayor participación de mercado posible, batalla que en mi opinión se está librando con muy pocos elementos de diferenciación. El resto de los fabricantes trata de imitar las tecnologías del primero, bajando los precios, además de montar costosas y originales campañas publicitarias, pero en general todo parece ser "más de lo mismo", sin incluir en realidad ningún elemento disruptivo, que fue lo que evidentemente colocó al primer actor en el sitial de preferencia de los usuarios en que se encuentra desde hace varios años.

Y algunos se preguntarán qué tiene exactamente que ver todo esto con la Red Empresarial. Bueno, resulta que las empresas son manejadas por personas, mientras que las compañías más pequeñas son manejadas generalmente por sus dueños, quienes también "necesitan" un teléfono inteligente, pero a diferencia de las personas que adoptan estas tecnologías para uso doméstico y muchas veces toman estas decisiones pasionalmente, estos pequeños empresarios toman decisiones personales casi siempre pensando en el beneficio para sus negocios. Y son muchos! Y la Red Empresarial tiene muchas funcionalidades móviles que ofrecerles, de gran valor para su gestión diaria.

Revisemos un ejemplo. Imagine a un pequeño empresario que mientras está visitando a un cliente fuera de la ciudad, recibe una llamada de su asistente, informándole que no cuentan con los fondos necesarios en la cuenta del banco para pagar los salarios al día siguiente, pues "se cayeron" dos pagos de clientes importantes que estaban por entrar ese día. En uno de los clientes, el Gerente que debía firmar el cheque había viajado y en el otro, le dijeron simplemente que el pago no saldría esta semana. Esta es una situación completamente natural en el quehacer diario de cualquier empresa pequeña y por cierto, puede hacer que se le caiga el pelo hasta al más maduro y equilibrado de los empresarios. Pero resulta que el empresario del ejemplo accede a Gosocket Mobile desde su smart-phone, y entre muchas otras funcionalidades, cuenta con Gosocket e-Factoring que le permite seleccionar con un par de clicks varias de sus facturas emitidas, cuyos valores sumen más a menos los fondos que necesitará para cumplir con las obligaciones al día siguiente, y enviarlas para aprobación de parte de varias entidades de e-Factoring con las cuales su empresa ya trabaja. Al rato de haber realizado esta simple acción el empresario recibe otra llamada de su asistente, diciéndole que ya se comunicó una de las entidades de e-Factoring, informándole que estaba lista la transferencia por el anticipo de las facturas enviadas para evaluación. Parece ciencia ficción, cierto? Pues no lo es. Acabo de describir una situación totalmente real en la que se demuestra la tremenda potencia de las soluciones móviles de la Red Empresarial.

Otro ejemplo. Imagine ahora al dueño de un restaurante, quien camino a su negocio temprano en la mañana, se conecta a Gosocket Mobile, también desde su teléfono, y verifica los despachos de productos que estará recibiendo durante el día de parte de sus proveedores y consecuentemente, las facturas que tendrá que pagar y los fondos de los cuales deberá disponer para ello. Esto es absolutamente posible y de hecho, es una funcionalidad de las más básicas de Gosocket, ya que recordemos que la Red Empresarial se nutre precisamente de las facturas electrónicas que llegan desde los emisores y en el caso de los proveedores de productos alimenticios y de consumo masivo, las facturas se emiten aproximadamente 12 horas antes de que se realicen los respectivos despachos, por lo cual pueden ser fácilmente consultadas por los clientes (destinatarios) a través de la funcionalidad Inbox de Gosocket.

Un último ejemplo. En los despachos de productos realizados por operadores logísticos, muchas veces se necesita de la confirmación de recepción de parte del cliente final, para que se puedan facturar finalmente los productos entregados. En algunas industrias, debido a las complejidades logísticas, este tipo de confirmación puede tardar varios días en llegar al proveedor después de realizada la entrega, ya que normalmente se trata de vistos buenos emitidos manualmente en los documentos de despacho impresos físicamente, a pesar de que éstos muchas veces son originalmente documentos electrónicos. Gosocket Mobile entrega una funcionalidad que le permite al despachador generar una imagen del documento confirmado por el cliente final, a través de la cámara fotográfica de su dispositivo móvil, adjuntándola al documento electrónico original y disparando notificaciones automáticas para que el área comercial del proveedor pueda facturar los productos sólo minutos después de realizada y confirmada la entrega. Existen muchos otros ejemplos de servicios sencillos e intuitivos que pueden ser utilizados a través de las soluciones móviles de Gosocket.

Entonces, parece ser una buena idea enfocarse en desarrollar estas aplicaciones de gran valor para las pequeñas empresas y que tanto los fabricantes de hardware así como las compañías de telecomunicaciones, puedan también considerar dentro de sus campañas publicitarias a este tipo de servicios, enfocados en un mercado muy interesante y grande de empresarios y ejecutivos de negocio, quienes se benefician enormemente con dichas aplicaciones. Esto significa que es posible encantar a este tipo de clientes mediante estos servicios de negocio inexistentes aún en el mercado y a partir de ahí, posicionar en forma más efectiva y diferenciada las tecnologías que los soportan, en vez de continuar intentando vender dichas tecnologías de la misma forma en que lo hace el resto de los competidores.

Nuestra misión es dotar constantemente a la Red Empresarial de todas las opciones necesarias para permitir la integración de soluciones basadas en diferentes tipos de plataformas móviles.

Resumen de los beneficios de la Red Empresarial

Uno de los aspectos más interesantes de la Red Empresarial es que genera beneficios a las empresas inmediatamente después de que se registran a ésta. Yo sé que esto parece un cliché y que casi todas las soluciones tecnológicas prometen esto, pero en realidad Gosocket sí lo logra. La explicación principal de esto es que, como ya comenté antes, la Red alberga información de negocios muy importante de millones de empresas, mucho antes de que éstas lo sepan, debido a que Gosocket aprovecha el intercambio de facturas electrónicas entre las empresas, documentos que al encontrarse en un mismo repositorio generan una importante oportunidad inmediata de relacionamiento, tanto para quienes los emiten, así como para sus receptores.

A continuación se detallan los principales beneficios de la Red Empresarial:

Financiamiento para empresas pequeñas.

Uno de los beneficios más trascendentales de Gosocket es que facilita extraordinariamente el financiamiento de las empresas pequeñas y medianas, aspecto que considero prioritario para el desarrollo de los países, especialmente de los considerados emergentes, en su búsqueda de alternativas que promuevan la formalización de sus economías y el desarrollo. Son justamente las pequeñas empresas el principal motor de las economías – o deberían serlo – y como sabemos, a los Estados se les dificulta mucho establecer programas realmente efectivos para apoyar el financiamiento de este importante segmento empresarial, al mismo tiempo que evitan la corrupción o la implementación de medidas excesivamente orientadas al control de los recursos económicos por parte del Estado.

Las soluciones de financiamiento que promueve Gosocket pueden parecer un cambio demasiado fuerte en las reglas tradicionales de esa industria, generando reticencia y hasta miedos por parte de los actores financieros, sin embargo creo que aún no se dimensiona el verdadero potencial de crecimiento que tienen estas iniciativas. Y esto es muy importante porque justamente, el tremendo potencial de crecimiento de este tipo de mecanismos es lo que garantiza que a pesar de volverse un negocio mucho más competitivo y bajar las tasas de interés a las cuales las empresas obtienen el financiamiento, en realidad el gran volumen de operaciones financieras disponibles a muy bajo costo y riesgo, hace que las entidades financieras conserven muy buenos indicadores en su negocio, generando sin embargo un gran beneficio en el importante segmento de las pequeñas y medianas empresas.

Al mejorar los mecanismos de financiamiento para este sector empresarial, se producen muchos otros beneficios colaterales, por ejemplo, que disminuye la brecha existente entre este tipo de empresas y las más grandes y poderosas. Se rompe la "asimetría empresarial" y las pequeñas empresas no sólo se hacen más competitivas debido a la disminución de sus costos financieros, sino que además logran ser más selectivas en sus relaciones de negocio, ya que muchas veces se ven forzadas a aceptar relaciones comerciales no muy convenientes y en las cuales se les imponen condiciones financieras muy difíciles de soportar, como por ejemplo, plazos de pago excesivamente largos para sus facturas por parte de sus principales clientes.

Al mismo tiempo, las grandes empresas que verdaderamente se preocupan por generar beneficios para sus proveedores, logran apoyar mucho mejor a los que utilizan mecanismos de financiamiento basados en el anticipo de sus facturas electrónicas, ya que son precisamente los grandes compradores los encargados de otorgarle validez a las respectivas cuentas por cobrar y la Red Empresarial facilita todo el proceso de intercambio electrónico de documentos y de aprobación de pagos.

Mejor comunicación y relacionamiento entre las empresas.

Recuerdo que uno de nuestros clientes pudo percibir un par de potenciales beneficios de comunicación, cuando le mostramos Gosocket por primera vez. Se trataba de una importante cadena de supermercados, que había tenido recientemente dos situaciones en las cuales los mecanismos de comunicación de Gosocket habrían sido de gran utilidad. La primera de estas problemáticas era que esta empresa había unificado en Chile los números de identificación de sus sucursales (RUT ó Tax ID), ya que anteriormente usaban un identificador diferente para cada sucursal y pasaron a usar un número único para todas. Esto significaba que sus proveedores debían pasar a facturarles inmediatamente a ese nuevo RUT, lo que representó un gran desafío de comunicación para nuestro cliente. Como consecuencia de esta complejidad, la empresa tuvo que realizar una inversión importante y aun así, no logró su cometido eficientemente, pues los proveedores continuaron facturándoles usando los RUTs anteriores durante varias semanas, lo que generó grandes dificultades administrativas, ya que el RUT del destinatario es un dato muy importante en las facturas y si no viene correctamente, simplemente las invalida desde el punto de vista tributario. Inmediatamente que este cliente vio Invoice-AD por primera vez, nos dijo que les habría servido muchísimo para comunicarles a sus proveedores sobre el cambio de RUT, si éstos usaran Gosocket como herramienta para la recepción de sus facturas, especialmente los más pequeños. Por cierto, en esta oportunidad descubrimos que esta empresa, así como la mayoría de las cadenas de supermercados en Chile, le factura todos los meses al 100% de sus proveedores, lo cual no era algo muy evidente para nosotros. Este tipo de empresas les factura a sus proveedores por concepto de publicidad, pero también para realizar ajustes financieros, devoluciones de productos, etc., lo que habría permitido utilizar Gosocket muy eficientemente en esta situación.

La segunda situación de este mismo cliente tenía que ver con el cierre repentino de uno de sus supermercados por un par de semanas, debido a una situación específica que debían resolver, lo que ocasionó que los empresarios que arriendan espacios físicos dentro del supermercado para establecer sus pequeños negocios complementarios, quedaron con una gran incertidumbre sobre lo que estaba pasando y cuándo se resolvería. Nuevamente, si estos negocios recibieran sus facturas de parte de nuestro cliente a través de Gosocket, podrían haber sido eficazmente informados de la situación y tendrían un canal muy efectivo de comunicación con nuestro cliente, además de recibir el resto de facturas de sus proveedores y de utilizar las funcionalidades de valor agregado de Gosocket.

Creo que estos dos ejemplos grafican muy bien los diferentes usos que se le puede dar a la comunicación a través de la Red Empresarial, así como sus grandes beneficios, además de los servicios de comunicación más directos que obviamente nos vienen a la mente y que también están disponibles en Gosocket, tales como la interacción directa entre clientes y proveedores en su intercambio diario de informaciones electrónicas.

Masificación espontánea de la facturación electrónica.

Los beneficios operativos que hemos descrito a lo largo de este libro, producen incentivos muy fuertes para la masificación espontánea de la facturación electrónica y eso me parece muy importante, pues continúo creyendo, como manifesté en mi libro anterior, que los Gobiernos deben evitar imponer la obligatoriedad de adopción de la facturación electrónica como único mecanismo para lograr su masificación, y que lo que deben hacer es diseñar modelos – o perfeccionar los ya existentes – que estimulen la adopción masiva espontánea por parte de todas las empresas. Creo firmemente que Gosocket hace una importante contribución en este sentido.

Un ejemplo interesante sobre esto es el Estado de Chile, que después de casi 10 años de lanzar su modelo de facturación electrónica, publicó que con la adopción del 100% de las empresas, estarían disminuyendo en un 2% la evasión tributaria, lo que equivaldría a 800 millones de dólares al año. Esto demuestra la importancia de la masificación para el Estado y nos esperanza mucho respecto al positivo impacto que podemos generar con la Red Empresarial.

Otro aporte muy interesante en este sentido es el que vienen haciendo casi todas las autoridades tributarias de la región, las cuales entregan soluciones gratuitas de facturación electrónica para empresas muy pequeñas. Hace mucho tiempo entendimos que, como proveedores de soluciones de facturación electrónica, no debíamos preocuparnos demasiado por esta iniciativa de parte de las autoridades, pues en realidad en vez de representar una competencia, es un gran aporte a la masificación del modelo, aumentando consecuentemente la cantidad de documentos electrónicos que se generan, con lo cual se benefician también las empresas en sus procesos de recepción de documentos tributarios y de cuentas a pagar, con las evidentes oportunidades de negocio que esto genera.

De todas formas, siempre hemos contado con nuestras propias soluciones equivalentes orientadas a empresas muy pequeñas y que aunque no son gratuitas tienen bastante aceptación por parte de los clientes, probablemente porque tienden a diferenciarse en la forma en que interpretan las problemáticas de emisión y recepción de documentos tributarios electrónicos por parte de estas empresas, especialmente todo lo que respecta a la integración de negocios con el resto del mercado.

En fin, la masificación de la facturación electrónica es inevitable y los aportes para hacerla posible vienen de todas partes. Lo que hace la Red Empresarial es motivar a las empresas a adoptar esta tecnología como requisito básico para poder aprovechar el resto de los múltiples beneficios disponibles.

Control tributario del Estado.

No es secreto para nadie que los Gobiernos que impulsan modelos de facturación electrónica inspirados en los más maduros y exitosos de Latinoamérica, buscan aumentar y hacer más eficiente el control sobre la tributación de las empresas, lo que consecuentemente les permite aumentar la recaudación tributaria. Lo interesante es que esto puede hacerse de varias formas bien diferentes entre sí y lo cierto es que las autoridades tributarias podrían plantarse en una posición bastante cómoda y haciendo valer su gran poder, podrían proponer modelos autoritarios que solamente se preocupasen de establecer las estrictas reglas que deben cumplir los contribuyentes. Si así hubiese sido, probablemente no estaría escribiendo este libro, no tampoco habría escrito el anterior.

Resulta que el Servicio de Impuestos Internos de Chile, país pionero en implementar la facturación electrónica en Latinoamérica, decidió ponerse también del lado de los contribuyentes y entender sus necesidades de negocio. Fue así que en 2002 surgió el modelo de facturación electrónica chileno, del que tanto se ha hablado ya, pero que seguramente continuará generando gran interés por mucho tiempo más, ya que ha sido bastante disruptivo en este sentido. La autoridad tributaria controla y mucho, pero los contribuyentes obtienen al mismo tiempo grandes beneficios, al punto que casi no puede decirse cuál de estos dos intereses prevalece sobre el otro.

Recuerdo que desde que me involucré en este proyecto, el Director del Servicio de Impuestos Internos de Chile citaba cada dos meses aproximadamente a reunión, a todos los proveedores de soluciones de facturación electrónica de la época, para consultarnos en conjunto con todo su equipo de trabajo, sobre qué pensaban los contribuyentes – nuestros clientes – sobre el proyecto, qué resistencias generaba y cómo podríamos mejorar el modelo para que tuviera mejor aceptación entre los actores privados. No todas las autoridades tributarias de la región imitaron esta metodología para "vender el proyecto", pero las que lo hicieron o fueron receptivas de alguna u otra forma, lograron implementar este complejo proyecto en forma exitosa.

Y justamente mi compromiso con el éxito de estos proyectos fue una de mis motivaciones al escribir mi anterior libro, pues me parecía simplemente fascinante cómo con gran astucia y sabiduría, era posible combinar dos intereses generalmente tan antagónicos, el de hacer buenos negocios privados y el de controlar los impuestos que dichos negocios generan. Eso había que escribirlo, para que otros Gobiernos supieran que era absolutamente posible e imitable.

Con el tiempo fuimos viendo que los intereses privados en el modelo eran tan grandes que era posible crear la Red Empresarial y que justamente al estimular la adopción de la facturación electrónica como mecanismo de relacionamiento de negocios, pero principalmente entre las pequeñas empresas como eficaz alternativa para obtener el tan necesario y esquivo capital de trabajo, la Red Empresarial se alinea con uno de los objetivos más importantes para las autoridades de los países, que es el control tributario.

Aporte Ecológico.

Si las pequeñas empresas, que normalmente quedan excluidas del modelo de facturación electrónica, sobre todo las que no acostumbran a facturarles a otras empresas, comienzan a recibir electrónicamente sus facturas de proveedores a través de la Red Empresarial sin ningún costo, entonces, por qué tendríamos que continuar imprimiendo estos documentos? Como explicábamos en capítulos anteriores, pensamos que ya están dadas las condiciones para que las autoridades tributarias cedan en este aspecto y exijan otro tipo de soporte diferente al papel, para controlar el despacho de los productos por parte de las empresas. De hecho, esperamos que eso pase más temprano que tarde, con lo cual estaremos haciendo un aporte ecológico sustancial debido a la eliminación casi total del papel en el proceso de facturación.

Sin embargo, el hecho de que miles de empresas puedan acceder a su información de negocios desde la Red Empresarial, complementada y enriquecida con aplicaciones empresariales que se conectan a esta importante información y que viabilizan la colaboración en-línea con miles de otras empresas, inevitablemente hace que se dejen de realizar millones de impresiones de facturas electrónicas, cuyo único objetivo era el apoyo a la gestión de negocios de la mayoría de las empresas, lo que significa que Gosocket influirá fuertemente en este aporte ecológico y eso nos enorgullece.

Ya existe una tendencia clara respecto a que muchos profesionales dentro de las empresas no quieren utilizar tanto papel como parte de su trabajo diario, algunos – como yo – evitan al máximo imprimir documentos y andan todo el día con sus dispositivos electrónicos, tanto para tomar notas en reuniones, como para realizar el resto de sus funciones profesionales, informarse en los principales medios noticiosos, consultar y enviar documentos de todo tipo, diseñar nuevas ideas y mostrarlas inmediatamente a otros, y hasta para escribir libros. El problema es que increíblemente no se han desarrollado tecnológicamente de la misma forma las funciones administrativo-financieras, lo que definitivamente ha sido una importante fuente de inspiración cuando hemos diseñado la Red Empresarial. Estamos comprometidos en desarrollar y hacer posible un mundo de negocios verdaderamente digital, mucho más eficiente, inmediato y por cierto, más ecológico también. Un mundo donde no se necesiten contratos impresos, ni firmas manuscritas, ni facturas impresas, así como hace tantos años las cartas y los telegramas fueros sustituidos por el email.

Adopción tecnológica por parte de las pequeñas empresas.

Por mucho tiempo los proveedores de soluciones de tecnologías de información han intentado venderles soluciones a las empresas pequeñas, pero la adopción tecnológica por parte de este sector parece ser aún demasiado insuficiente y no es que quiera forzar caprichosamente que este tipo de empresas adopte tecnología, sino que nos parece que al no hacerlo, las PYME se excluyen automáticamente de muchos procesos importantes, perdiendo competitividad y oportunidades de negocio.

Es por ello que le otorgamos tanta importancia al modelo de aplicaciones (Gadgets) que se promueve a través de Gosocket, el cual realmente viabiliza la adopción de pequeñas soluciones empresariales, cuya simplicidad y flexibilidad de costos son factores determinantes para que ocurra dicha penetración. En más de alguna presentación de negocio, cuando he estado explicando el funcionamiento de la Red, mis interlocutores han intentado comparar la propuesta de Gosocket con otros modelos ya existentes y de dudoso éxito en mi opinión, a lo cual suelo responder que los principales clientes de Gosocket no son los Bancos, ni los grandes Compradores, ni los grandes Proveedores, sino que las pequeñas empresas, lo que no está en lo absoluto divorciado ni con traer beneficios para las grandes empresas, ni con hacer buenos negocios. Es simplemente una cuestión de foco de negocios y de entender que como normalmente éste no ha estado puesto verdaderamente en las pequeñas empresas, entonces la mayoría de las soluciones no han logrado ser tan exitosas en su penetración en este sector, a pesar de las grandes inversiones que muchas veces se realizan.

En mi opinión, la mayoría de las veces las aplicaciones empresariales orientadas a empresas pequeñas surgen como una versión "light" de complejas aplicaciones enfocadas originalmente en las empresas grandes, muy sofisticadas y con importantes presupuestos para invertir en implementarlas. Rara vez se ve una solución empresarial que nazca orientada a las pequeñas empresas y que no se derive de otra solución similar, sino que de un proceso de negocio que ya existe, pero que se potencie fuertemente con la incorporación de las pequeñas empresas que participan en dicho proceso y que justamente esta incorporación sea posible a través de la adopción masiva de tecnologías de información.

Quizás se subestime el potencial de generación de negocios de las pequeñas empresas, pero con más de una década de experiencia en facturación electrónica, viendo a qué tipo de empresas mayoritariamente les venden sus productos las corporaciones y también a qué tipo de proveedores les compran materias primas, productos y servicios, puedo dar fe de que en su mayoría son empresas pequeñas.

Entonces, la Red Empresarial lo que hace es aprovechar procesos de negocio bastante clásicos e importantes y reúne a una gran masa de pequeñas empresas que inexorablemente participan en éstos, relacionándolas entre sí y con el resto de los actores del mercado, pero por sobré todas las cosas, mediante la utilización de soluciones y tecnologías muy simples, que se insertan transparentemente en dichos procesos y que generan una gran adopción tecnológica por parte de este importante sector del mercado.

Disminución de los riesgos y los costos por parte de las entidades financieras.

Las entidades financieras logran captar muchos nuevos clientes a través de la Red Empresarial y existe una razón fundamental para que esto ocurra, que es la posibilidad que ésta brinda de validar instantáneamente las operaciones comerciales y financieras de las empresas, lo cual disminuye exponencialmente los riesgos y los costos asociados al financiamiento de las empresas. Las entidades financieras aprovechan muy bien estas bondades de la Red, para realizar más y mejores negocios, al mismo tiempo que ayudan a facilitar el financiamiento de las pequeñas empresas, como ya hemos explicado antes.

Se está viendo una creciente tendencia a nivel mundial, en la que claramente se van posicionando algunas soluciones que interconectan a las empresas, la mayoría a partir de modelos tradicionales de e-procurement, los cuales no son totalmente de nuestro agrado por las razones que ya hemos explicado, pero que sin embargo están logrando generar incentivos financieros para lograr integrar a importantes cantidades de empresas en su quehacer diario de negocios. Personalmente considero que las entidades financieras tradicionales, por la forma en que han operado durante tantos años, no están en condiciones de lograr rápidamente tal nivel de integración digital entre las empresas, pero sí pueden establecer fuertes alianzas con estas soluciones de Red tan especializadas, para complementar sus servicios, agregando el preciado componente financiero y obtener así, de una forma mucho más escalable, los beneficios a los que nos referimos.

Mayor eficiencia en los procesos financieros de las grandes empresas.

Cuando las empresas no logran relacionarse bien en su gestión de Compra/Venta, ocurren muchas cosas desagradables, por ejemplo: que las facturas no se paguen a tiempo, o que deban cancelarse porque están incorrectamente emitidas por el proveedor, cuando en realidad éste lo que esperaba era que se las pagasen, o que existan pérdidas de crédito fiscal debido a que la contabilización de facturas no haya considerado eventuales rechazos de éstas por parte de sus pagadores, o que el pago de una factura se realice al correspondiente proveedor, cuando en realidad debería realizarse a la entidad de Factoring que anticipara el correspondiente crédito, o cualquier otro tipo de discrepancias, que además de generar malestar y deteriorar el relacionamiento de negocios entre grandes empresas y sus proveedores, también es fuente de desajustes importantes en la gestión Financiero-Contable de este tipo de empresas, con consecuencias de todo tipo.

La Red Empresarial brinda un marco de colaboración muy amplio, pero a la vez muy preciso, entre las grandes empresas y sus proveedores, evitando que éstas deban adoptar medidas radicales que lejos de resolver estas problemáticas, generan rigidez y pérdida de competitividad, tales como: no permitir que sus proveedores utilicen el Factoring como mecanismo de financiamiento, o forzarlos a utilizar plataformas tecnológicas complejas que no les agregan absolutamente ningún valor.

Eso por el lado de las Compras, pero también existe un beneficio financiero muy poderoso para las grandes empresas por el lado sus Ventas, ya que a través de Gosocket implementan rápida y eficazmente un potente canal de recaudación B2b, que probablemente no sea el único, pero que promete niveles de eficiencia muy diferenciados, no sólo al captar a muchos más potenciales pagadores a través de Gosocket e-Payments que con las típicas iniciativas que intentan que los clientes paguen a través de los sitios web propios de las grandes empresas, sino que además integra el ciclo de recaudación con el resto del proceso financiero, el cual finalmente es un gran sistema nervioso en el que intervienen muchos otros actores.

Mejoras en la logística de abastecimiento.

El efecto masificador de la facturación electrónica que produce la red, pero también las múltiples herramientas que ésta provee para promover el relacionamiento entre las grandes empresas y sus proveedores, y por cierto, los grandes beneficios que éstos últimos perciben, permiten una mayor fluidez en la comunicación entre ambas partes, lo cual genera un beneficio directo en las cadenas de abastecimiento de las grandes empresas, recordando que hasta ahora ha sido muy difícil – casi imposible – que las grandes compañías integren digitalmente a la mayoría de sus proveedores a sus procesos logísticos, dado el escaso valor que éstos perciben en los modelos tradicionales más utilizados y que ya hemos comentado.

Algo muy importante en este sentido, es la relación automática que promueve la Red Empresarial entre los documentos tributarios electrónicos y las respectivas órdenes de compra previamente emitidas por los compradores, entre otros documentos electrónicos relacionados con la logística, aspecto muy relevante para la optimización de las cadenas de abastecimiento de los grandes compradores. Esta es una funcionalidad bastante prometida por los e-Marketplaces tradicionales, pero el verdadero aporte de Gosocket es poder captar e involucrar efectivamente a quienes interactúan con todos estos documentos, especialmente con los proveedores más pequeños, y por cierto, poder contar con sus documentos tributarios electrónicos, que es algo completamente nativo de la Red.

Hace algún tiempo fuimos invitados a potenciar una iniciativa tecnológica que consistía en una plataforma transaccional de documentos electrónicos, principalmente órdenes de compra y avisos de despacho, concebido para fortalecer la relación de negocios entre varios proveedores importantes de materiales de construcción y sus principales distribuidores (cadenas de retail y ferreterías), intentando contribuir con la automatización de los procesos de abastecimiento de estos grandes distribuidores, al mismo tiempo que permitiría organizar los procesos logísticos y de distribución de los proveedores. En la práctica, esta iniciativa estaba al borde de la muerte y los ánimos estaban bastante bajos, ya que después de casi diez años de mucho empeño, la verdad es que se había logrado muy poco éxito en términos de automatización y de fortalecimiento de la relación entre proveedores y distribuidores.

Fue así que propusimos hacer un cambio drástico en la forma que se estaba manejando la iniciativa y pasamos del clásico modelo en el cual se intenta que todos los actores que participan en el "intercambio de documentos" paguen por este servicio, al esquema de Red Empresarial donde lo que se fortalece es el "relacionamiento empresarial", aprovechando el intercambio de documentos electrónicos, mientras que el modelo de negocios se basa en los ingresos que se generan a partir de las diferentes soluciones financieras y de negocios disponibles a través de la Red. Para lograr esto, no sólo se modificó la definición comercial que se tenía, sino que además se abrió la solución de intercambio de órdenes de compra y otros tipos de documentos electrónicos, para que pudiese ser utilizada sin costo por todo el ecosistema de proveedores de los grandes distribuidores, generándole un gran beneficio a estos últimos. También se implementó una funcionalidad que relaciona automáticamente las órdenes de compra, entre otros documentos logísticos, con las facturas electrónicas. Además se incentivó la integración de los proveedores a la Red a través de su facturación electrónica, entregándoles un gran valor mediante las soluciones financieras de Gosocket, al mismo tiempo que se enriquecen los procesos logísticos y de abastecimiento de todo el ecosistema.

Masificación de los certificados digitales.

Paga Gosocket es casi inevitable impulsar el uso de certificados digitales como mecanismo para garantizar el acceso masivo seguro a la información de negocio de las empresas. Como ya hemos dicho, administrar el control de acceso a Gosocket con la seguridad y confidencialidad de la información que se requieren, es mucho más costoso inclusive que el costo de los certificados digitales, lo que significa que estaremos generando varias iniciativas para la entrega gratuita de esta tecnología, en conjunto con las autoridades certificadoras que se encargan de soportarla. Pero haciendo esto, no sólo estaremos incentivando la adopción de los principales servicios de la Red Empresarial, los cuales serían casi inviables sin la utilización de certificados digitales, sino que además estaremos auspiciando una simple pero poderosa tecnología que le permitirá a sus usuarios adoptar muchos otros tipos de servicios que ni siquiera son conocidos aún por la mayoría de las personas.

Creemos que próximamente las personas podrán acceder a todo tipo de servicios web sólo usando sus certificados digitales. Podrán contratar servicios y firmar todo tipo de documentos sin necesidad de personificarse, lo cual es muy útil a nivel personal, pero definitivamente será decisivo a nivel empresarial en la constante búsqueda de la eficiencia y de nuevas oportunidades de diferenciación, por parte de las empresas de cualquier tipo y tamaño.

En algunos países ya estamos validando masivamente a los clientes que acceden a la Red Empresarial usando su certificado digital, determinando automáticamente si son representantes legales, para poder otorgarles acceso inmediato a la Red, así que estamos convencidos de que la masificación de los certificados digitales es posible y muy útil.

Estadísticas e indicadores

Actualmente la Red Empresarial ya cuenta con una serie de indicadores muy interesantes, que nos permiten proyectar con bastante certeza su desarrollo y evolución durante los próximos años, además de augurarnos mucho éxito.

Recordemos que la "materia prima" que alimenta la Red son los documentos electrónicos, los cuales son provistos por las empresas que facturan electrónicamente, sin importar la solución de facturación electrónica que utilicen para ello.

A continuación se muestran los principales indicadores de la red, así como estadísticas importantes de algunos de los países en los que la Red está operando.

País	Indicador		Valor
Chile	Número de empresas que facturan electrónicamente		+180.000
	Número de pequeñas empresas que facturan electrónicamente		+160.000
	Cantidad total de facturas electrónicas emitidas		+1.000.000.000
	Gosocket	Número de documentos electrónicos almacenados en la Red	+490.000.000
		Cantidad de emisores electrónicos identificados	+65.000
		Cantidad de destinatarios identificados	+800.000
México	Número de empresas que facturan electrónicamente		+3.500.000
	Número de pequeñas empresas que facturan electrónicamente		+2.500.000
	Cantidad total de facturas electrónicas emitidas		+15.000.000.000
	Gosocket	Número de documentos electrónicos almacenados en la Red	+100.000.000
		Cantidad de emisores electrónicos identificados	+28.000
		Cantidad de destinatarios identificados	+790.000
Brasil	Número de empresas que facturan electrónicamente		+1.200.000
	Número de pequeñas empresas que facturan electrónicamente		+900.000
	Cantidad total de facturas electrónicas emitidas		+13.000.000.000
	Gosocket	Número de documentos electrónicos almacenados en la Red	+100.000.000
		Cantidad de emisores electrónicos identificados	+35.000
		Cantidad de destinatarios identificados	+240.000

La evolución del comercio electrónico B2b

Desafortunadamente, durante los últimos diez años el modelo de e-Commerce entre empresas (Business-to-Business o B2B) ha evolucionado muy poco, lo que genera importantes frenos para el desarrollo del relacionamiento empresarial electrónico. Como ya he comentado, la mayoría de las grandes empresas que adoptan el modelo clásico de e-Commerce para automatizar sus procesos de compra – Compradores – lo hacen utilizando soluciones de e-Procurement, a través de las cuales "invitan" a sus Proveedores a registrarse y participar de sus procesos electrónicos de compra. Normalmente los Proveedores, la mayoría de los cuales son pequeños, deben pagar una subscripción a las empresas tecnológicas que soportan estos e-Marketplaces, de lo contrario, simplemente no pueden hacer negocios con sus clientes más importantes.

El gran problema de este modelo, diseñado principalmente para satisfacer las necesidades de los grandes Compradores, es que no genera demasiado valor para los Proveedores, especialmente para los más pequeños, que son la mayoría en casi cualquier cadena de abastecimiento. Los proveedores simplemente deben adaptarse a las reglas de los Compradores, adoptando mecanismos de comunicación y herramientas propietarias de cada Comprador. A veces un mismo Proveedor debe conectarse a cuatro o cinco e-Marketplaces completamente diferentes, cada uno enfocado a resolver las necesidades de abastecimiento de los respectivos Compradores que los promueven, y en general, ninguna de estas soluciones se integra con el resto para facilitar la operatoria de los Proveedores.

Adicionalmente, el formato de los principales documentos electrónicos que se intercambian a través de estas soluciones no responde a un estándar único, sino que existen varios tipos de formatos conocidos y cada solución propone el que más le conviene. Es así que los formatos de las órdenes de compra, los avisos de despacho y las facturas, que son los tipos documentos más usados en los procesos de e-Procurement, pueden variar mucho entre una solución y otra, lo cual genera muchas incomodidades para los Proveedores que participan en varios e-Marketplaces, quienes deben implementar complejos procesos de traducción para poder integrarse con todas estas soluciones.

Por otra parte, estas soluciones suelen tener un portal web propio, en el cual se maneja buena parte de la funcionalidad necesaria para operar, lo que complica bastante a los Proveedores que tienen soluciones empresariales internas y que lo que desearían es poder integrarse transparentemente, para operar en forma natural y sin tener que utilizar funcionalidades impuestas por sus clientes. Muchas veces la integración con los e-Marketplaces no es posible o es tan compleja que termina siendo inviable. Esta imposibilidad de integración encarece además el proceso de actualización de las informaciones de los Proveedores, tales como sus catálogos de productos y otras informaciones trascendentales para garantizar la eficacia del proceso.

Por si fuera poco, la participación en estos e-Marketplaces significa algo muy sensible para los Proveedores y es que sus productos se venderán inevitablemente al menor precio posible, pues este es justamente uno de los objetivos principales de los Compradores cuando implementan este tipo de soluciones, en las cuales la competitividad es un factor relevante. Estos modelos promueven una competencia muy fuerte entre los Proveedores de productos similares y quienes ofrecen los mejores precios suelen adjudicarse los negocios.

Todo lo anterior provoca que si bien estas soluciones han sido implementadas por muchos Compradores importantes, en la práctica casi nunca logran contar con una penetración verdaderamente significativa entre sus cadenas de Proveedores y en este sentido es importante destacar que ni siquiera 90% parece ser una buena tasa de adopción para este tipo de procesos, pues cuando los grandes Compradores deciden implementar estas soluciones, realizan un despliegue de tal envergadura que sólo algo extremadamente cercano al 100% parece ser una tasa de adopción aceptable, para poder lograr así los retornos de inversión esperados. Y hasta el momento eso ha sido simplemente imposible, por lo que la efectividad de este modelo clásico es realmente cuestionable.

Qué papel juega entonces la facturación electrónica en la evolución del e-Commerce entre las empresas?

Como ya sabemos, los países de Latinoamérica, especialmente Chile, Brasil y México, que son los más avanzados en esta materia, han implementado modelos de facturación electrónica en los cuales las autoridades tributarias establecen desde el formato de los documentos electrónicos, hasta los mecanismos en que éstos deben ser validados. De esta forma, las facturas electrónicas en estos países: 1) son auténticas e íntegras, ya que deben ser firmadas electrónicamente mediante el uso de Certificados Digitales; 2) poseen un formato único estándar; y 3) tienen validez tributaria comprobable, ya que deben ser validados por parte de las autoridades tributarias.

Lo anterior significa que cuando una empresa adopta la facturación electrónica en estos países, independientemente de su tamaño o rubro de negocios, automáticamente está en capacidad de comunicarse electrónicamente con cualquier cliente, lo cual facilita y democratiza el relacionamiento entre Compradores y Proveedores, y a partir de esto es posible construir un intercambio de documentos electrónicos más natural y de gran valor agregado para todos los participantes.

Lo más interesante de estos modelos de facturación electrónica es el gran valor que adquieren las facturas y otros tipos de documentos electrónicos relacionados, ya que debido a su integridad, autenticidad y validez tributaria comprobables, los hace muy atractivos para el mercado financiero, el cual premia a las empresas que operan de esta forma, independientemente de su tamaño, con mucho mejores condiciones de financiamiento, generándose grandes incentivos para modelos financieros enfocados en el anticipo de las Cuentas por Cobrar o Factoring que ya hemos explicado.

De esta forma, los pequeños Proveedores encuentran una motivación fundamental – la facilitación de su financiamiento – para adoptar un modelo de relacionamiento electrónico con todos sus clientes, incluyendo por cierto a los grandes Compradores, lo cual termina involucrando a otros tipos de documentos que complementan los procesos de abastecimiento y distribución.

Este modelo, el cual surge desde los Proveedores hacia los Compradores, parece ser mucho más masivo en su adopción que el clásico modelo descrito anteriormente, debido al valor que propone a partir justamente del relacionamiento natural entre las partes, pero también debido a que propone la gratuidad como elemento fundamental en dicho relacionamiento. En otras palabras, integrar a Proveedores y Compradores a través del intercambio electrónico de sus documentos de negocio puede no tener ningún costo para ambas partes. Entonces, el financiamiento del modelo se logra a partir de los servicios de valor agregado que se promueven a partir de dicho relacionamiento, tales como: pagos electrónicos, e-Factoring y muchas otras soluciones de negocio que pueden desarrollarse para enriquecer todo este intercambio de información y sus procesos asociados, especialmente los que están más relacionados con la logística de abastecimiento y distribución.

Esto es precisamente lo que propone Gosocket, como Red de Relacionamiento Empresarial que utiliza las facturas electrónicas y los documentos asociados para integrar gratuitamente a Proveedores y Compradores, apoyándose en la masificación de la adopción de la facturación electrónica y ofreciendo, a partir de ello, una serie de servicios de gran valor para todo el ecosistema de negocios. De esta forma, casi cualquier empresa puede registrarse gratuitamente en Gosocket y encontrar, al menos, algunas facturas electrónicas emitidas por algunos de sus Proveedores y obviamente, también pueden encontrar facturas electrónicas emitidas por ellas mismas, pudiendo relacionar eventualmente estos documentos con otras transacciones electrónicas de sus Clientes y/o Proveedores, a través de las aplicaciones (Gadgets) desarrolladas por terceros y diseñadas especialmente para agregar valor a la información de negocios existente en Gosocket. O sea, el modelo de relacionamiento que propone Gosocket resuelve una de las grandes dificultades de los e-Marketplaces tradicionales, que es la incapacidad de atraer eficazmente a la mayoría de los Proveedores que participan en las cadenas de abastecimiento, entregándoles funcionalidades que sí resuelven sus principales problemáticas de negocio, lo cual puede ser aprovechado por los grandes Compradores, para integrarlos más amistosamente en sus clásicos procesos de e-Procurement.

Llegamos entonces a la importante conclusión de que mucho más importante que las aplicaciones informáticas, que es en lo que muchas empresas tienden a enfocarse, lo que realmente parece importar es la información de negocio de los clientes y consecuentemente, los usuarios que acceden a dicha información. Esto es justamente en lo que Gosocket se enfoca.

Lo que acabo de describir es sin dudas una importante evolución del comercio electrónico B2B que conocemos, haciéndolo mucho más democrático y masivo, razón por la cual preferimos usar el término B2b – segunda "b" en minúscula –. Sin embargo, Gosocket propone un modelo aún más evolucionado. Resulta que debido a la gran cantidad de información de negocios que Gosocket almacena de cada cliente, es posible comenzar a relacionarlos entre sí de una forma mucho más inteligente de lo que se haya hecho hasta ahora. A partir del análisis de la información, Gosocket tiene la capacidad de sugerir a las empresas potenciales Proveedores y/o Clientes, muy parecido a como las redes sociales sugieren amigos, con la gran diferencia que las redes sociales utilizan la información personal ingresada manualmente por los propios usuarios, pero que muchas veces no está tan actualizada como nos gustaría, mientras que Gosocket utiliza para su análisis la información de negocio que es constantemente actualizada en el proceso natural de intercambio de documentos electrónicos entre las empresas. De esta forma, una empresa que normalmente compre determinado tipo de productos o servicios, lo cual está registrado en sus facturas electrónicas de compra, recibirá automáticamente en Gosocket sugerencias de relacionamiento con otras empresas que proveen dicho producto, lo cual forma parte de las facturas electrónicas de venta de dichos proveedores. También ocurre el proceso contrario, o sea el proveedor recibirá sugerencias de relacionamiento con potenciales clientes.

Pero el modelo es aún más poderoso, pues las empresas que deseen publicar sus necesidades de abastecimiento de artículos, materias primas y servicios, podrán hacerlo fácilmente a través de las funcionalidades de Gosocket, con lo cual dichas necesidades llegarán automáticamente a los potenciales proveedores y todo este proceso ocurrirá sin que sea necesario que los proveedores tengan que mantener sus catálogos actualizados, como normalmente se requiere en los e-Marketplaces tradicionales. Por eso decimos que Gosocket es esencialmente una plataforma de relacionamiento empresarial y que aprovecha la información, no para publicarla, ni venderla, ni usarla en forma inapropiada, sino que para generar la máxima eficiencia en dicho relacionamiento.

Para enriquecer el proceso de e-Commerce B2b, Gosocket propone una serie de innovaciones adicionales, aprovechando las bondades descritas anteriormente, tales como la automatización de los catálogos de productos a partir de la información de sus propias facturas, lo cual es extremadamente útil en el comercio electrónico. A estos catálogos de productos, así como a las empresas que los proveen, se puede acceder a través del Buscador propio de Gosocket, un motor de búsqueda especialmente diseñado para conectar a proveedores con potenciales clientes a partir de las informaciones de las facturas electrónicas almacenadas en la Red Empresarial.

También es posible implementar Gadgets para automatizar el control de inventario, a partir de la información de las facturas recibidas, generando importantes eficiencias para los proveedores que normalmente utilizan procedimientos presenciales y manuales para tomar los pedidos de compras de sus clientes. Gosocket tiene la capacidad de ofrecer información en línea sobre las existencias de los productos en los clientes, lo cual puede ser utilizado para generar sugerencias de compras automáticas, especialmente para productos que se manejan bajo el concepto de reposición automática de inventarios.

En fin, parece ser entonces que el comercio electrónico entre empresas tiene su evolución garantizada, la cual estaremos asistiendo "en primera fila".

Apéndice A: Glosario

A continuación resumimos los principales términos técnicos y de negocio utilizados en este libro, así como sus definiciones.

Término	Definición
B2b	Business-to-business, relación de negocios entre las empresas, por ejemplo, la compra de materias primas por parte de una fábrica a una empresa proveedora especializada, o la venta de productos alimenticios de una empresa proveedora de este tipo de productos, a un supermercado. El término se utiliza para hablar tanto de compras como de ventas.
B2C	Business-to-Consumer, relación de negocios entre las empresas y los consumidores finales (personas), por ejemplo, los servicios telefónicos de una empresa telefónica a sus clientes personas.
Cuentas por Cobrar	Cantidad de dinero que debe recibir o cobrar una empresa de sus clientes, por los servicios o productos que les haya vendido y que deben estar debidamente respaldados por facturas.
Cuentas a Pagar	Cantidad de dinero que una empresa debe pagar a sus proveedores, por los servicios o productos que les haya comprado y que deben estar debidamente respaldados por facturas.
e-Invoice	Factura electrónica o documento electrónico que emite una empresa cuando vende un producto o servicio.
e-Invoicing	Facturación electrónica o en inglés, electronic invoicing.
Gosocket	Nombre de la Red Empresarial inventada en 2011 por un grupo de profesionales de Latinoamérica, especialistas en facturación electrónica en la región.
e-Marketplace	Plataforma transaccional que permite a las empresas interactuar en sus procesos de compra y venta de materias primas, productos y servicios.
e-Procurement	Término que se utiliza para nombrar el proceso de compras electrónicas de las empresas.
EDI	Intercambio electrónico de documentos o en inglés, Electronic Data Interchange.
e-Payments	Pagos electrónicos de facturas.
Factoring	Procedimiento en el cual una empresa anticipa sus

	cuentas por cobrar (factura emitida), a través de alguna entidad financiera, quien a su vez debe comprobar que dicha factura es realmente válida, para disminuir el riesgo de anticipar el dinero a su cliente y asegurarse de que posteriormente recibirá el pago por parte del cliente final o destinatario de la factura.
e-Factoring	Factoring respaldado por facturas electrónicas.
Orden de Compra	Documento que se utiliza para respaldar las compras que una empresa realiza.
DTE	Documento Tributario Electrónico. Documento que se genera electrónicamente y que engloba todas las operaciones de una empresa que generan algún impacto de tipo tributario, por ejemplo: facturas, notas de crédito, notas de débito, guías de despacho.
NF-e	Nota Fiscal Eletrônica, término que se utiliza para llamar a la factura electrónica en Brasil.
CFD	Comprobante Fiscal Digital, término que se utiliza para llamar a la factura electrónica en México y Argentina.
RUT	Rol Único Tributario, término que se utiliza para llamar al número único que identifica a las empresas y las personas en Chile.
RFC	Registro Federal de Contribuyentes, término que se utiliza para llamar al número único que identifica a las empresas y las personas en México.
CNPJ	Cadastro Nacional Pessoa Jurídica, término que se utiliza para llamar al número único que identifica a las empresas en Brasil.
Invoice-AD	Nombre del servicio publicitario de la Red Empresarial Gosocket.
Gosocket Gadgets	Nombre de las pequeñas aplicaciones que pueden registrarse en Gosocket, para integrarse a la información de negocios y agregar valor a la gestión de las empresas.
API	Application Programing Interface, interface tecnológica que se desarrolla para permitir la integración de soluciones externas desarrolladas por terceros. Por ejemplo, la API de Gosocket ha sido desarrollada por la Red Empresarial para que las aplicaciones desarrolladas por terceros puedan

	integrarse a ésta en forma segura y eficiente.
Certificado Digital	Componente tecnológico que permite definir la identidad de una persona o empresa y que normalmente es otorgado por una Autoridad Certificadora.
Firma Electrónica	Proceso de aplicar un algoritmo matemático a un documento electrónico utilizando un certificado digital, para garantizar su integridad y autenticidad.
XML	eXtensible Markup Language, formato técnico estructurado en el cual se suelen disponer las informaciones en los documentos de negocio, para que puedan ser fácilmente interpretados por todos los actores que intercambian electrónicamente dichos documentos.
Gosocket Dealers	Nombre de los Socios de negocio de la Red Empresarial Gosocket, encargados de integrar clientes, documentos, transacciones y aliados estratégicos a la red.
Signature e-Invoicing	Nombre de la solución de facturación electrónica creada por la empresa Signature South Consulting, la cual actúa comercialmente en toda Latinoamérica proveyendo esta solución.
POS	Point-Of-Sale, término que se utiliza para nombrar a las aplicaciones y dispositivos utilizados en los puntos de venta o establecimientos en los cuales se venden productos y servicios a consumidores finales.
Smart-phone	Teléfono inteligente de última generación que cuenta con poderosas aplicaciones y conexión a internet.

Apéndice B: Fuentes de Información

A continuación se nombran las fuentes de información utilizadas en este libro.

Ref.	Documento y/o URL	Fecha
[1]	**E-Invoicing / E-Billing** *Importante reporte anual realizado por la empresa suiza Billentis, el cual resumen la situación actual mundial de la facturación electrónica.*	2012, 2013, 2014, 2015
[2]	**Facturación Electrónica – Transformación Tributaria y Empresarial Inteligente** *Libro escrito por el Ing. Mario Fernández, que resume las experiencias de los principales proyectos de facturación electrónica en Latinoamérica.* ISBN: 9781452832265	2009
[3]	**Sitios web de las autoridades tributarias de Latinoamérica:** Chile: http://www.sii.cl Brasil: http://www.nfe.fazenda.gov.br México: http://www.sat.gob.mx Costa Rica: http://dgt.hacienda.go.cr Argentina: http://www.afip.gov.ar Guatemala: http://portal.sat.gob.gt Colombia: http://www.dian.gov.co/ Perú: http://www.sunat.gob.pe/ Uruguay: http://www.dgi.gub.uy Ecuador: http://sri.gov.ec	
[4]	Entrevista a Juan Ricardo Ortega, Director de la autoridad tributaria colombiana (DIAN): https://www.youtube.com/watch?v=fsxIj6zXaSM https://www.youtube.com/watch?v=trAlGwOO7lc	2012

Acerca del Autor

Mario Augusto Fernandez Cuesta nació en Cuba 1970, es Ingeniero Informático desde 1993 y emigró a Chile en 1998, ciudadanía que adoptó en 2005.

Entre 1993 y 1998 se desempeñó como especialista informático en la cadena de tiendas Caracol (en Cuba).

Entre 1998 y 2001 se desempeñó como Consultor Senior en Deloitte, desarrollando múltiples proyectos de implementación de soluciones empresariales en compañías pertenecientes a las industrias Financiera, Productos de Consumo Masivo y Retail.

En 2001 funda Signature South Consulting (www.southconsulting.com), una empresa que se ha especializado en proveer soluciones de intercambio electrónico de documentos, basadas en firma digital, principalmente facturación electrónica. El producto estrella es la empresa es Signature e-Invoicing, que cuenta con clientes en todos los países de Latinoamérica que han implementado la facturación electrónica y que se ha convertido en la solución líder regionalmente.

Mario ha sido el principal responsable por el diseño de la estrategia de la empresa y por su proceso de internacionalización. Vivió en Brasil desde 2007 hasta 2009, encargándose de la creación de la filial en ese país y de su desarrollo durante esa etapa.

En 2009 escribió el libro Facturación Electrónica – Transformación Tributaria y Empresarial Inteligente, con el cual resume las principales experiencias de facturación electrónica en Latinoamérica.

A partir de 2010 ha estado a cargo de la creación y el diseño de la Red Empresarial Gosocket (www.gosocket.net), que es el tema principal de este libro.

Email: mario.fernandez@gosocket.net

www.ingramcontent.com/pod-product-compliance
Lightning Source LLC
Chambersburg PA
CBHW080555060326
40689CB00021B/4867